JN013026

独立から契約、保険、確定申告まで

フリーランス六法

フリーランスの働き方研究会

弁護士 二森礼央
税理士 萩口義治
〔監修〕

青春出版社

はじめに　「知らない」では済まされない法律とお金

会社員に比べると、フリーランスの働き方はずっと自由です。一方で、会社という、いざというときに守ってくれる庇（ひさし）がないから、自分の身は自分で守らなければなりません。フリーランスが自分を守り、スムーズにビジネスを展開していくために必要な情報を、ギュッと1冊にまとめたのが本書です。

ビジネスにおいて「知らない」では済まされないこととは**「法律」**と**「お金」**です。

法律はビジネスをする上での基本ルール。ルールを知らずに試合に臨むスポーツ選手はいませんよね。ところが、フリーランスの多くが、自分の仕事に関わる法律を知らないまま、商取引をしています。たとえば契約。本来なら仕事を請けたら、契約書や発注書など書面を交わす必要があるのですが、実際に書面を交わしているのは約60%にとどまっています（「フリーランス白書２０２０」、企業との直接契約の場合）。実は、**2020年4月に民法が改正され、契約の重要性が増しました。**これはフリーランスにとっては、**知らないままでは自分が不利になる可能性もある**改正です。

また、報酬についてのトラブルも多く、**報酬未払いの経験があるフリーランスは約70%**にも上るという調査もあります。同じ調査で、未払いのときの対応では、なんと**「泣き寝入り」が約40%でトップ**（フリーランス協会２０１９「未払い報酬に関するアンケート調査」）。法律をまったく知らないと、こうしたトラブルにも対処できません。

さらにフリーランスを悩ませるのがお金。主に資金繰りと税金です。フリーランスはビジネスがうまく回るように、自分でお金を管理しなければなりません。また確定申告など、税金についても自分で対策をしなくてはなりません。本文で解説しますが、所得税を源泉徴収されている場合は、**確定申告をするとお金が返ってくることも**あります（還付金）。税金について知っていれば、節税することも可能なのです。

本書では、法律についてはフリーランスのトラブル事情に詳しい弁護士の二森礼央先生、お金については開業サポートなどもされている税理士の萩口義治先生に、専門分野を監修していただきました。

また、法律とお金に加えて、フリーランスの「コツ」も掲載しました。私たちフリーランスの働き方研究会が集めたフリーランスの経験談を精査して、参考になる情報をまとめています。

各項目の右上には「お金」「法律」「コツ」のタブがあります。それぞれお金、法律、コツに関係する内容だということを示しています。最初から全部読んでもいいですし、知りたいところ、緊急性が高いところから先に読んでもいいようにつくっています。

皆さんの中には今、まさに会社を辞めてフリーランスになろうと考えている人もいるでしょう。あるいは、長年フリーランスとして活動してきたけれども、仕事だけをこなしてきたから法律も税務もわからないという人もいるでしょう。フリーランスは自由度が高い働き方です。それは、**自分のビジネスにおける経営者も兼ねている**からです。経営者なら、**知っておくべきことはきちんと押さえて、トラブルを未然に防ぐ**のは当然でしょう。

トラブルに備えて本書を読み、仕事場に置いておけば、いざというときにも安心です。フリーランスとして活躍する皆さんの〝転ばぬ先の杖(つえ)〟として、お役に立てれば幸いです。

フリーランスの働き方研究会

独立から契約、保険、確定申告まで

フリーランス六法　目次

3章 約束のギャラがもらえない！ 仕事のトラブル対処法

5章 健康保険や年金、家のローン……ライフプランはどうする!?

※本書で紹介する情報は、とくに断りのないものは2021年4月10日時点のものです。

編集協力：チーム TOGENUKI
カバー・本文イラスト：柴田ケイコ
本文デザイン：CRAZY LLC.

1章

会社員時代から準備が必要！会社を辞める前後にやるべきこと

カメラマンくま男

01 会社員のうちにクレジットカードをつくっておく！

フリーランスになるとクレジットカードがつくりづらい……。そんな厳しい現実が待っています。残念なことに**フリーランスは社会的信用が低い**のです。会社員の頃は「会社員の信用が高い」ことなど意識しません。辞めてから気づく人が多いのです。

外資系コンサルに勤務していたAさんはフリーランスになった年に、航空会社のマイレージが貯まりやすいクレジットカードの申し込みをしたところ、信販会社の審査に落ちてしまったとか。「オレ、金融資産だけで9ケタあるのに」と不満そうでした。でも、億単位の貯金も不動産などの大きな買い物をすればすぐに口座からなくなるもの。それよりも20万円でも**毎月きちんと給料が振り込まれる新人サラリーマンのほうが信販会社にとってリスクが少ない**わけです。その点、**フリーランスは毎月定期的に振り込まれる定額のお金がない**ので「信用が低い」と判断されてしまうのです。

しかし、フリーランスでもつくれる、**個人事業主を対象にしたビジネス用のクレジ**

ットカードもあります。テックビズカード、FreCa（フリカ）、freee MasterCard、freee VISAカード、三井住友ビジネスカード for Owners、アメリカン・エキスプレス・ビジネス・カードなどがそう。ただ、これらは**開業して3年以上、2期連続で黒字であることなどの条件**があり、フリーランス1年生には難しいかも。

オススメは**会社員のうちにカードをつくっておく**こと。プライベートと仕事の支出を分けて管理するには、すでに持っているクレジットカードに加えてもう1枚あると便利です。下請業者への支払いや経費の立て替えが多い業種でしたら、現金を借りられる**「キャッシング機能」**をつけておくといいでしょう。

退職するのに会社員としてカードをつくることは問題ないのか気になりますが、**退職する予定であることを信販会社に告知する義務はない**ので、嘘をついたことにはなりません。ただし信販会社に「会社を辞める予定はありますか？」と聞かれて「ありません」と答えたら、嘘をついたことになり、詐欺（さぎ）罪に当たる可能性があります。そうなると独立の予定が立ち消えになるかもしれないので、**「わかりません」「今のところはありません」**と答えておきましょう。

02 健康保険は戦略的に利用する！ 会社員時代の健康保険と国民健康保険

会社員からフリーランスに転身して驚くことの1つは「保険料の高さ」。医療保険には会社員や公務員が加入する「社会保険（以下、社保）」と、フリーランスや自営業、無職の人が加入する「国民健康保険（以下、国保）」があります。国保の場合、前年度の所得をベースに計算されます。そのため、**会社を辞めて所得があまりないときにも、退職時の高い所得に基づいた高額の保険料を支払わねばならない**のです。

こんな無理な負担を防ぐために、**退職後2年間は前職の社保に引き続き加入できる「任意継続」という制度**もあります。ただし、一般的には、在職時は保険料の一部（たいていは半分）を会社が負担してくれていたので、元の職場の社保に入っても保険料は会社員時代より高くなります。国保と社保の任意継続、どちらの保険料が安くなるかは、会社が入っている組合や住んでいる市区町村、その人の所得によっても違います。いずれにしても会社員時代よりも納める保険料が高くなるケースが多いです。

航空会社勤務を経てフリーのマナー講師になったBさんは「私は国保に入りました。前職の社保を任意継続すると基本的に2年間はそれを継続せねばならず、2年めからは所得が減って国保の保険料が安くなると思ったからです。私がいた会社は福利厚生が手厚く、保険料の3分の2は会社、3分の1を自分の給与から払っていました。ですので、社保にしても国保にしても支払う保険料が在職時の約3倍になり、結果、毎月7万円近くの保険料を納めねばならず、かなり大変でした」と言っていました。

任意継続は退職してから2週間までにその手続きをする必要があります。また、**一度国保に入ってしまうと任意継続の権利を失います。**「国保が高かったから社保に戻りたい」というわけにはいかないので、事前のリサーチが必須と言えるでしょう。

それと、社保も国保も医療費の自己負担の上限があります。**国保の場合、月8万円が上限**で、医療費は申請すれば限度額を超えた分は払い戻されます。これが超大手企業だと自己負担の上限が月2万円ということも。フリーランスになると決めたら、**会社員でいるうちに高額になりそうな虫歯の治療をする、持病の薬をちょっと多めにもらうなどをしておくといい**かもしれません。

開業資金はいくらくらい貯める？

〝開業資金が貯まったら会社を辞めよう〟と考えている人も多いはず。では、いったいいくら貯めればいいのでしょうか。

実はひと口に「開業資金」といっても2種類あります。1つは**事業を行う上で必要な設備投資のための「設備資金」**。もう1つは**事業を運営していくにあたり月々の支払いが必要な「運転資金」**。これらについては左ページの表にまとめましたので、ご覧ください。「運転資金」は、フリーランスになった直後はそれほど売上がないと予想されますので、**少なくとも3ヵ月分、できれば半年分は用意したい**もの。つまり、**「開業資金＝設備資金＋（運転資金×6ヵ月）」**になります。

開業資金の額は、職種や目指す規模・スタイルによってかなり異なるでしょう。カウンセラーやコンサルタントなど、オフィスを持たずにクライアント先やカフェ、レンタルスペースなどで仕事が可能な職種なら**スマホ1台**あればスタートできます。

一方、店舗やオフィスが必須の職種は、大きな設備投資が必要です。「それだと開業資金が貯まるのがだいぶ先になっちゃう！」と焦った方、大丈夫です。フリーランスでも**日本政策金融公庫などの創業融資制度が利用できる**のです。ただし、これには**借入額の半分程度の自己資金が必要**。たとえば、設備資金が300万円、運転資金が300万円で合計600万円が必要ならば、自己資金200万円準備した上で、400万円の借入を申し込むというようなイメージです。

まずは設備資金と運転資金、それぞれいくらになるか計算してみましょう。

開業資金の計算方法

公式
開業資金 ＝ 設備資金＋（運転資金×６ヵ月）

設備資金	オフィスやサロンを借りる際の敷金・礼金・不動産手数料。内装や什器や備品にかかる費用。ここでは、設備以外の開業当初にだけかかる費用も含めて考えましょう。ホームページやロゴマーク、名刺、パンフレットの制作費など。
運転資金	自分自身も含めた人件費、オフィスやサロンの家賃、光熱費、電話やインターネットなどの通信費、雑費、広告費、HP管理や税理士に払う外注費など。

住宅ローンはそのままに！

皆さんの中には**会社員時代に住宅ローンを組んでマイホームを購入した人**もいるでしょう。フリーランスになったら収入が不安定になるので、ローンの返済をどうしようか考えている人もいるのでは？　フリーライターのCさんもそう考えた1人でした。

「借金を抱えたままの状態が不安だったので、退職金で住宅ローンを一括返済しました。定年前に辞める社員に対して退職金を優遇する『早期退職優遇制度』を利用したので、通常より多く退職金をもらえたんです。ところが、**しばらくして資金がショート**。お恥ずかしい話ですが、クレジットカードのキャッシングに手を出してしまいました。その利息は約15％。住宅ローンの金利が1・25％でしたので、そのまま借りておいて退職金は運転資金や生活資金として残しておけばよかったと後悔しました」

住宅ローンほど金利が安く、返済期間が長い融資は他にありません（最長50年）。でも、クレジットカード同様、**フリーランスは金融機関にとってリスクが高いので、住**

宅ローンの審査に通りづらいのです。そのため、会社員でいるうちに住宅ローンを組んでおいてから辞める人もいるほど。もし会社員時代にローンを組んでいたなら、**せっかく安い金利で借りられたわけですから、そのまま借りておく**のが賢い選択と言えそうです。

ただし、本来は住宅ローンの審査を受けたときと勤務先などの条件が変わった場合は金融機関に告知しなくてはなりません。「会社を辞めたのを報告せずにローンを借りたままにするのは心苦しい」という人は、**正直に金融機関に相談してみる**のもいいかもしれません。

税理士・萩口先生のアドバイス

事業におけるお金の存在意義は２つあります。１つは「体力」、つまりは手持ち資金の残高、もう１つは仕事の効率を上げるための「投資の源泉」です。

体力、つまり手持ち資金がなくなったとき、事業は「倒産」状態になります。帳簿の上は黒字でも手持ち資金が尽きて事業が継続できなくなる「黒字倒産」もあるほどですから、資金はできるだけ残しておいたほうがいいです。

日本人の多くは「借金＝怖いもの」というイメージを持っているように思います。そのため、創業時も借入より自己資金でまかなうことを考えます。しかし、それは「手持ち資金＝自分の体力」を削ることでもあるのです。

もちろん、高い金利で借りることはオススメしません。「調達金利」は「運用利回り」よりも低くなければなりません。借りたお金の金利よりも、そのお金を使って得られたお金が多ければ儲かっているということ。融資資金の金利が2%の場合、2%以上の金額を事業によって生み出せるなら、借りておいたほうがいいと言えます。新しいビジネスを始めるときは、金利の安い創業融資制度などがあります。なけなしの貯金や退職金を初期投資に充てるより、こうした制度の利用を考えてみてはいかがでしょうか。

05 会社を辞めるのに最適な時期ってあるの？

会社を辞めるタイミングは、慎重に考えたいもの。**タイミングによっては大きく損をすることもあります。**ベストなタイミングはなんといっても**賞与（ボーナス）をもらった後。**実際、7月と12月に退職する人が多いようです。

月の途中か末日か、何日付けで退職するかも重要なポイント。これは**末日に辞めるほうが社会保険料の面でおトク**です。健康保険料や年金は一部を会社が負担してくれています。これら社会保険の加入条件は月末に会社に在籍しているかで判断します。たとえば、7月30日までに辞めてしまうと7月は在籍していないことになり、その月の年金や社会保険を会社が負担してくれず、全部自分で払わなければなりません。

また、定年退職して失業手当をもらってからフリーランスに転身しようと思っている人は、**誕生日の前々日に辞める**のがオススメ。というのも、**65歳以上で退職すると「失業手当」ではなく「高年齢求職者給付金」の支給になってしまう**からです。**失業**

手当は最大で150日、高年齢求職者給付金は最大50日と、給付日数が3倍も違います。失業保険の年齢は実際の誕生日の前の日に上がることになっているので、誕生日の前々日に辞めるのがいい、というわけです。

退職の申告時期は、民法627条では**退職の2週間前に告知すれば問題ない**と定められています。**就業規則**でその時期が決められているときには、それに従わねばなりませんが、**たいていの会社では1ヵ月前告知が多い**ようです。立つ鳥跡を濁さずというように、しっかり業務の引き継ぎをして退職に備えましょう。

Check 会社の辞めどき

ボーナス

ボーナス後がオススメ。
退職の告知は査定が済んでからがベター！

月末 or 月の途中

月末がオススメ！

定年退職なら

誕生日の前々日！

06 名刺、パソコン、プリンタ、携帯電話……最初に用意するものは？

フリーランスとして活動するために、用意するものはなんでしょうか。職種によっても変わってきますが、共通なのは**名刺、スマートフォン、メールアドレス**です。

名刺に最低限載せるべき情報は「肩書」「名前」「電話番号」「メールアドレス」です。サロンやお店など**お客さんに訪問してもらいたい職種の場合は住所の記載が必要**ですが、仕事場が自宅だったり、**郵送物がほとんどなかったりする職種の場合は住所を書かないケースも**あります。最近は電話、メール以外の連絡手段としてＬＩＮＥも一般的になり、**ＬＩＮＥのＱＲコードを名刺に載せる**人も増えてきました。

肩書は、たとえば単に「キャリアカウンセラー」と書くよりも「あなたの『好き』をお金に変えるキャリアカウンセラー」など、**自分のポリシーや得意なことが書かれているとベター**。思わず仕事を依頼したくなる**キャッチフレーズ**を考えましょう。

これらを盛り込んで名刺やショップカードを作成します。名刺用のプリンタ用紙を使えば、パソコンとプリンタで自作可能ですが、**安いのはネット印刷。**豊富なデザインテンプレートが用意されており、100枚500円程度でつくることができます。

電話は**今まで使っていたスマートフォンで充分**です。固定電話を引いたほうが信頼性が高いとされ、クレジットカードの審査にも通りやすいという噂（うわさ）もありますが、実際には連絡が確実にとれる番号があればどちらでも問題ないようです。ただし、建設業や飲食業などでは、いまだに見積、注文にファクスがよく使われており、そうなると固定電話の回線が必要です。

メールアドレスも、かつては無料のアドレスは仕事をする上で信頼されないと言われていましたが、今はそんなことはありません。**Gmailを仕事用のアドレスとして使っている人も多い**です。また、以前はフリーランスが最低限用意するべきものとしてHPが挙げられていました。でも、最近では**Facebookページや Instagram などSNSだけで集客する**人もいます。HPをつくるにはお金がかかりますが、**SNSなら無料**で開設できます。拡散の仕組みを知って攻略すれば**HP以上の宣伝力がある**ので、上手に利用しましょう。

07 Office、Adobe、メール……最低限必要なパソコンのセットアップ！

名刺とスマホがあればできる仕事でも、さらにパソコンがあると仕事の効率はグンとアップします。見積書や請求書の作成、クラウド会計ソフトを使った確定申告書の作成、HPのちょっとした更新など、**外注しなくてはできないことも自分でできる**ようになります。

パソコンを買うなら**MacかWindowsか**という問題が最初にあります。これは業界や職種によって分かれるところです。デザイン系の仕事などクリエイターの間で圧倒的多数はMac。でも、パソコンの用途が見積書や請求書を作成する程度なら、1万円台からあってリーズナブルなWindowsで充分でしょう。最低限そろえておきたいソフトやアプリについては左ページにまとめました。

周辺機器の**プリンタは、普通はA4のインクジェットで事足ります**。ただ、デザイナーなどの職種の方はA3レーザープリンタを検討しましょう。**最初はプリンタを買**

わずにプリントアウトしたいときにはコンビニで済ますという手もあります。

また、**パソコンにはインターネット環境も必要**です。スマホのテザリングでネットにつなげるのは、速度にムラがあるのであまりオススメしません。**仕事場での使用が多いなら光回線、外出することが多いならモバイルWi-Fi**を用意しましょう。

パソコンや周辺機器については**リースを利用するのも1つの手段**。買うよりも割高になりますが、手持ちの資金を減らさずに済みます。**融資と同じ効果があるので、開業資金が足りない場合には検討**してみてはいかがでしょうか。

最低限そろえておきたいアプリケーションやサービス

Microsoft Office	マイクロソフト社が提供する、Word や Excel、PowerPoint などビジネスに必須のアプリケーションのパッケージ。Mac には Office と同様の機能を備えた Keynote などがプレインストールされているが、Windows ユーザーとやりとりする場合に備え、Office for Mac の購入がオススメ。
Dropbox などのクラウドストレージ	データを格納するためにインターネット上に設置されたスペース。仕事を続けていくうちに保存するデータの容量が大きくなり、パソコンに入り切れなくなるので必須となる。他者とのデータの共有にも便利。サービスは他にも Box、One Drive、SugarSync、Google ドライブなどがある。
Adobe Creative Cloud	Adobe 社が提供する、デザインや動画編集に必要なクリエイティブアプリケーションが一式そろったパッケージサービス。Illustrator や Photoshop、Dreamweaver、Premiere Pro などが利用できる。またクラウドストレージも利用可能。写真、動画、デザイン、Web などに関係する職種なら必須。

仕事用の銀行口座、印鑑はつくったほうがいい？

開業するにあたり「プライベートの口座の他に仕事用の口座を用意したほうがいいの？」と疑問に思っている人も多いでしょう。答えは「ＹＥＳ！」。

なぜ公私で口座を分けたほうがいいかというと、理由は大きく3つあります。

1つは、**そのほうが仕事に関する収入と支出の流れを把握しやすい**から。口座が1つだと、お金がなくなっても**儲かっていないのかプライベートでムダ遣いをしているのか**がわからなくなってしまいます。また、確定申告のときも作業が煩雑になります。

2つめの理由は**税務署対策**。税務調査が入って、お金の流れがクリアになっていない通帳を税務署員が見たら、「何かを隠そうとしているのでは？」といらぬ詮索をされることがあります。**公私をきっちり分けておけば疑いの目もなくなります。**

3つめの理由は**金融機関対策**。お金の管理がしっかりできない人に金融機関はお金を貸したいと思うでしょうか。今後、**融資を利用しようとしているならなおさら口座**

は分けるべきです。

仕事用の口座を開設するときには、**名義を個人にするか屋号にするか2パターン**がありますが、どちらも**プライベート用の口座と同じ印鑑でもかまいません**。ただ、屋号の場合は、**税務署への提出書類など口座開設以外でも屋号入り印鑑を押す機会があります**ので、この機会につくっておくのがいいでしょう。

マネーロンダリングを防止する観点から、**個人名義よりも屋号名義のほうが審査が厳しく、開業届や活動実績を求められることもあります**。必要書類などは事前によく確認しておきましょう。

Check

どの金融機関に口座を開くか？
3つのパターン

融資を受けたい派 ⬇ **地元の信用金庫、地方銀行**	少額融資にも親身になってくれる。口座を開設すると、その金融機関はその人のお金の入出金が把握でき、取引しているうちにその人の信頼も高まる。融資を受けたい人向け。
使いやすさ・支払手数料重視派 ⬇ **ネット専業銀行**	ソニー銀行、住信 SBI ネット銀行、ジャパンネット銀行など。ATM に行かなくても振り込みができて、手数料も安い。パソコンやスマホでいつでも入出金が確認できるのもメリット。クラウド会計と連動させるときも使い勝手がいい。
信用重視派 ⬇ **メガバンク**	三菱 UFJ 銀行、みずほ銀行、三井住友銀行のこと。法人名義の口座開設は審査が厳しいと言われ、そのため口座を持っているとクライアントに安心感を与えられる。入金口座としてメガバンクに口座を持ち、振込手数料の安いネット専業銀行に残高を移してから各種振り込みをするという使い方も。

仕事場や事務所、店舗はどうやって用意する!?

仕事をスタートさせるにあたってカッコいいオフィスや素敵なサロンを構えたい！と夢見ている人も多いでしょう。でも、**フリーランスは賃貸物件が借りにくい**という現実があるのをご存じですか？　賃貸契約のとき、最近は連帯保証人を立てず、家賃保証会社の利用を条件にする賃貸物件が増えています。**収入が不安定なフリーランスは家賃保証会社の審査に通りにくい**のです。ですから、**会社員のうちに賃貸契約を結んでおく、会社員の家族の名義で借りる**などの対策も選択肢の1つかもしれません。

オススメは**自宅の一部を仕事場にする**こと。新たにオフィスやサロンを借りると自宅と合わせて家賃や管理費、光熱費を二重に支払わねばなりません。でも、自宅を仕事場にすれば余分な経費を抑えられますし、**自宅の家賃や光熱費の一部は経費として計上できます。**ただし、自宅がマンションなどの**集合住宅の場合、管理規約をしっかりチェックすることが必要**です。ネイリストのDさんは、新たにサロンを借りるのもお金がかかるので、自宅マンションの一室をサロンにして仕事をスタートしました。
「ある日、インターホンが鳴るので出てみると、近所の方から『表札にサロンとあるけど、このマンション、商用禁止ですよ』と言われてしまったんです」とDさん。

管理規約に「住居のみ」「商用禁止」となっているマンションは少なくありません。不特定多数が建物内に出入りするとセキュリティ上問題があるからでしょう。このようなケースでは**「隠れ家的サロン」**として看板や表札を出さず、住所もHPに載せず、予約したお客さんにだけ住所を伝えることが多いようです。Dさんは「今のところお客さんが1日2～3人なので、表札にサロンの表示をやめて引き続き自宅の一室で営業していますが、お客さんが増えたら商用OKの場所に移りたい」と言っています。

看板も掲げず、不特定多数の人が出入りせず、書斎で作業するイラストレーターやデザイナー、プログラマー、ライターといった職業なら、商用禁止のマンションを仕事場にしても問題になることはほとんどないでしょう。

一軒家には管理規約はありませんが、**「住居」として借りた物件の場合、大家さんの許可が必要となります**ので、注意しましょう。

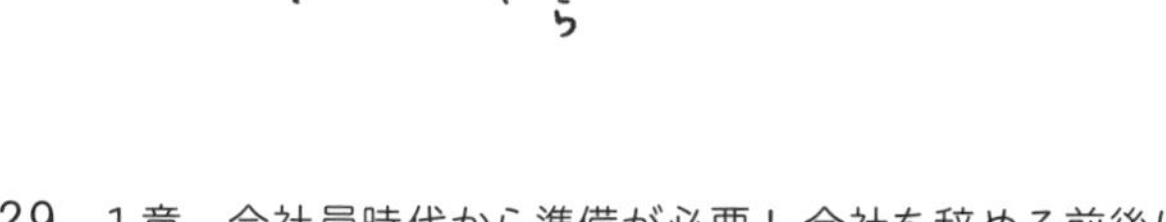

事業計画を立てる!!

独立・開業を決意したら作成しておきたいのが**「事業計画書」**。これは頭の中で描いている**事業の目的や内容、進め方、お金の流れなど**を書き起こしたものです。

事業計画書には大きく分けて2種類あります。1つは**外部からお金を得るため**のもの。**金融機関から融資を受けるため、あるいは出資を募るための計画書**です。金融機関向けは**手堅く失敗しないことをアピール**する、出資を募る場合にはヒットしたときに得られる収益性など**「夢」をアピール**することがポイントです。

もう1つは**自分のためのもの**。これはリアルな事業計画です。融資を利用しない人でもつくっておくべきです。情熱を持って勢いよくスタートしたものの、資金がショートして挫折するフリーランスは少なくありません。その多くは無計画なままにスタートを切ってしまったケースです。**初期投資がどれくらい必要か、月の売上はどれくらい見込めるか、経費はいくらかかるか**など、資金計画は詳細に詰めておきましょう。

事業計画書の書き方

事業計画書はとくに決まった書き方があるわけではありません。さまざまなテンプレートがありますが、共通して以下の項目は必須です。

①自分の名前（屋号）・住所など連絡先　②自分の経歴
③ビジョン・理念・目的　④事業概要［ビジネスモデル・取引先名・販路］
⑤自分の強み・商品やサービスの特徴と強み
⑥市場環境・マーケティング戦略［市場ニーズについて・競合他社について］
⑦事業の将来像・目標　⑧資金計画　⑨事業の見通し（売上・利益の計画）

日本政策金融公庫のHPからダウンロードできる「創業計画書」でも、**資金計画**と**事業の見通し**については詳細に書くことが求められています。

借り入れの状況を書く

6　お借入の状況（法人の場合、代表者の方のお借入）

お借入先名	お使いみち	お借入残高	年間返済額
	□事業 □住宅 □車 □教育 □カード □その他	万円	万円
	□事業 □住宅 □車 □教育 □カード □その他	万円	万円
	□事業 □住宅 □車 □教育 □カード □その他	万円	万円

資金の調達方法を書く

7　必要な資金と調達方法

	必要な資金	見積先	金額
設備資金	店舗、工場、機械、車両など（内訳）		万円
運転資金	商品仕入、経費支払資金など（内訳）		万円
	合計		万円

調達の方法	金額
自己資金	万円
親、兄弟、知人、友人等からの借入（内訳・返済方法）	万円
日本政策金融公庫　国民生活事業からの借入	万円
他の金融機関等からの借入（内訳・返済方法）	万円
合計	万円

売上予測と経費を書く

8　事業の見通し（月平均）

		創業当初	1年後又は軌道に乗った後（　年　月頃）	売上高、売上原価（仕入高）、経費を計算された根拠をご記入ください。
売上高①		万円	万円	
売上原価②（仕入高）		万円	万円	
経費	人件費（注）	万円	万円	
	家賃	万円	万円	
	支払利息	万円	万円	
	その他	万円	万円	
	合計③	万円	万円	
利益①－②－③		万円	万円	（注）個人営業の場合、事業主分は含めません。

日本政策金融公庫「創業計画書」より

開業届と青色申告承認申請書を提出する！

個人事業でも、新たに事業を始めるなら**税務署に「開業届」を出す**必要があります。開業後1ヵ月以内に出すよう推奨されていますが、**罰則はない**ので、提出していないフリーランスもたくさんいます。しかし、届け出をしたほうがいいケースもあります。

「屋号」をつけて**屋号名義で口座を開設したい場合**は、金融機関から開業届の提出を求められることがあります。また、**確定申告で青色申告をする**には「青色申告承認申請書」とともに開業届を提出しなくてはなりません（青色申告については4章を参照）。最近では、コロナ禍で売上が前年同月比50％以上減少した事業者に給付される「持続化給付金」は、開業届を出していれば**前年分の実績がなくてももらえました**。このような給付が再び実施されるのを想定して届け出をしておくのもいいかもしれません。

なお、失業給付金をもらっている人は、**給付期間中に開業届を提出して起業すると「失業」でなくなり、給付資格を失ってしまう**ので、注意しましょう。

開業届の提出

国税庁のHPから「個人事業の開業・廃業等届出書（提出用・控え用）」をダウンロードし、必要事項を記入して、納税地を所轄する税務署に郵送または持参しましょう。このときに控えを印刷して、控えに税務署の収受印をもらって、自分でも控えを持っておくことが重要です。郵送の場合は、返信用封筒に切手を貼って同封するのをお忘れなく。

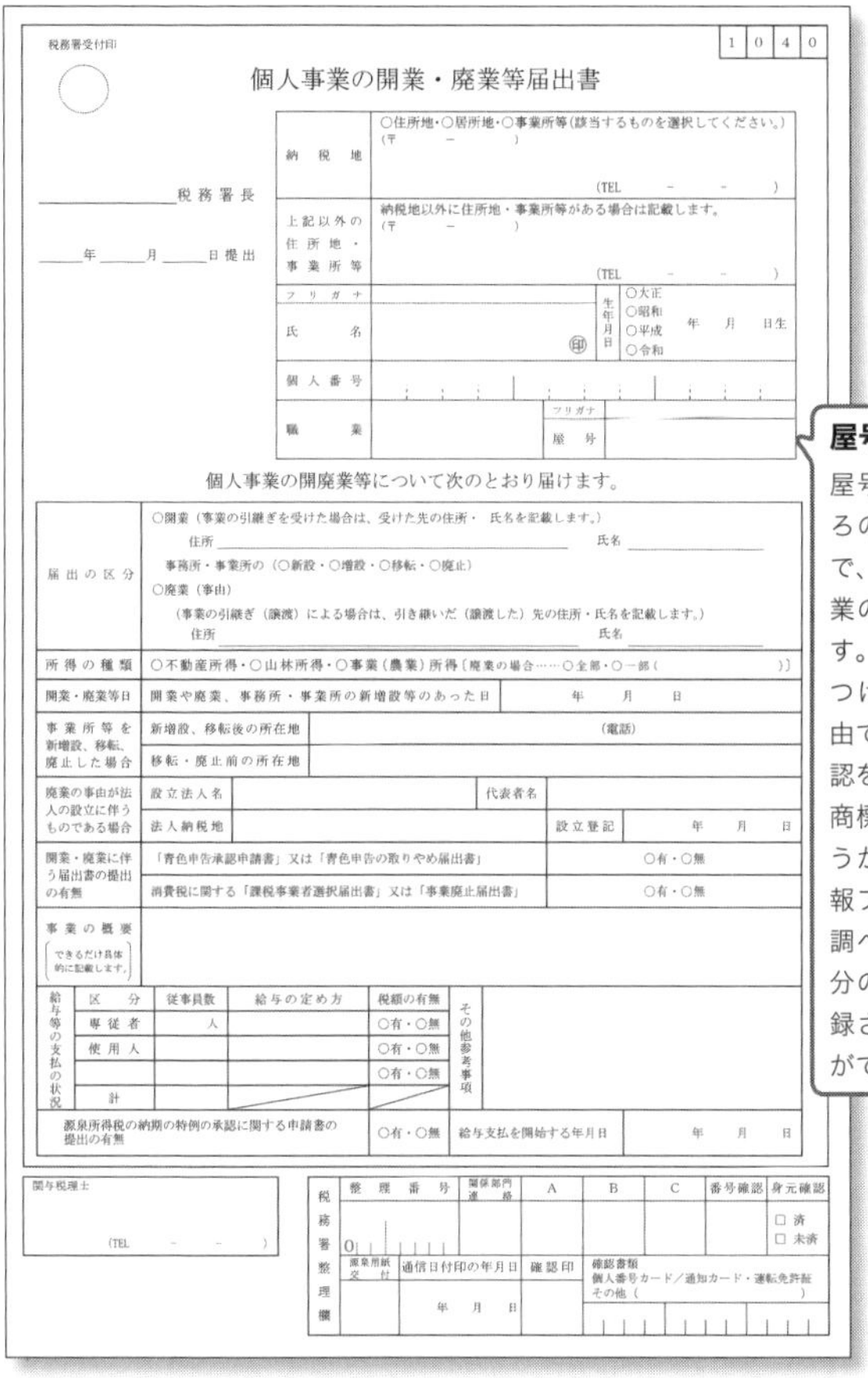

税務署受付印　　1 0 4 0

個人事業の開業・廃業等届出書

＿＿＿＿税務署長

＿＿年＿＿月＿＿日提出

納税地	○住所地・○居所地・○事業所等（該当するものを選択してください。） （〒　　－　　） （TEL　　－　　－　　）
上記以外の住所地・事業所等	納税地以外に住所地・事業所等がある場合は記載します。 （〒　　－　　） （TEL　　－　　－　　）
フリガナ	
氏名	㊞　生年月日　○大正 ○昭和 ○平成 ○令和　年　月　日生
個人番号	
職業	フリガナ / 屋号

個人事業の開廃業等について次のとおり届けます。

届出の区分	○開業（事業の引継ぎを受けた場合は、受けた先の住所・氏名を記載します。） 住所＿＿＿＿ 氏名＿＿＿＿ 事務所・事業所の（○新設・○増設・○移転・○廃止） ○廃業（事由） （事業の引継ぎ（譲渡）による場合は、引き継いだ（譲渡した）先の住所・氏名を記載します。） 住所＿＿＿＿ 氏名＿＿＿＿		
所得の種類	○不動産所得・○山林所得・○事業（農業）所得〔廃業の場合……○全部・○一部（　　）〕		
開業・廃業等日	開業や廃業、事務所・事業所の新増設等のあった日	年　月　日	
事業所等を新増設、移転、廃止した場合	新増設、移転後の所在地	（電話）	
	移転・廃止前の所在地		
廃業の事由が法人の設立に伴うものである場合	設立法人名	代表者名	
	法人納税地	設立登記	年　月　日
開業・廃業に伴う届出書の提出の有無	「青色申告承認申請書」又は「青色申告の取りやめ届出書」	○有・○無	
	消費税に関する「課税事業者選択届出書」又は「事業廃止届出書」	○有・○無	
事業の概要（できるだけ具体的に記載します。）			

給与等の支払の状況	区分	従事員数	給与の定め方	税額の有無	その他参考事項
	専従者	人		○有・○無	
	使用人			○有・○無	
				○有・○無	
	計				

源泉所得税の納期の特例の承認に関する申請書の提出の有無	○有・○無	給与支払を開始する年月日	年　月　日

関与税理士
（TEL　　－　　－　　）

税務署整理欄	整理番号	関係部門連絡	A	B	C	番号確認	身元確認
	0						□済 □未済
	源泉用紙交付	通信日付印の年月日	確認印	確認書類 個人番号カード／通知カード・運転免許証 その他（　　）			
		年　月　日					

屋号について

屋号とは会社でいうところの会社名に当たるもので、店舗の名前や個人事業の名称のことを言います。屋号はどんな名前をつけようが基本的には自由ですが、「商標権」の確認をする必要があります。商標登録されているかどうかは特許庁の「特許情報プラットフォーム」で調べられます。なお、自分の名前であれば商標登録されていても使うことができます。

1章のチェックポイント

□ **フリーランスになりたては信用が低い**

クレジットカードなど審査が必要なものは会社員のうちに申し込んでおく。

□ **開業資金 ＝設備資金＋（運転資金× 6 ヵ月）**

半年は売上がなくても大丈夫なくらい、余裕を持って開業する。

□ **仕事とプライベートははっきり分ける**

仕事用の銀行口座をつくって、個人口座と使い分ける。それが税務調査や融資の対策にもなる。

□ **自宅で開業できるか確認する**

マンションなど集合住宅の場合、管理規約で商用利用が禁止されていることがある。自宅で開業する人は確認すべし。

□ **資金計画を詰めておく**

事業計画書をつくるのは必須。融資を受けるなら手堅く、出資を募るなら夢をアピール。融資を利用しなくても、資金がショートしないために必要。

2章

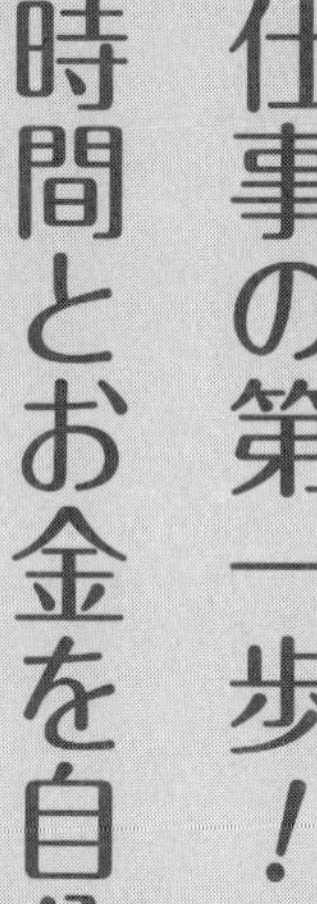

仕事の第一歩！ 時間とお金を自分でマネジメント

Webデザイナー うさ丸

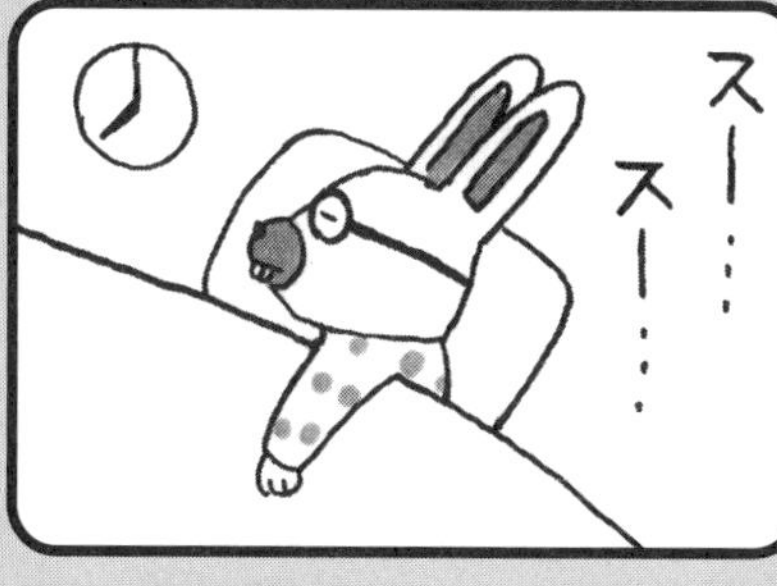

01 ビジネスカジュアルって何⁉ フリーランスのファッション講座！

会社を辞めて、まったく別の職種で開業するならともかく、フリーランスになっても会社員時代と同じ業界で働き続けるのであれば、**基本的にその業界で通用するファッション**をすべきでしょう。

業務上、スーツが必須なら、フリーランスになった記念に、たとえば靴や腕時計だけでも、ちょっといいモノに替えてみてはどうでしょうか。その場合、「父親から譲り受けた腕時計」とか「尊敬する人が身に着けているのを見て憧れていた」といったストーリーがあるといいですね。いきなり高級なものを身に着け始めると、会社員時代からの変わり様に驚かれてしまいますが、そこに**ストーリーがあれば、それが会話の糸口になって新しい仕事につながる**可能性もあります。

とはいえ、せっかく独立するんだから、堅苦しいスーツとサヨナラしたい気持ちもわかります。

着るものに頭を悩ませるのはムダだからと、黒のハイネックで通したスティーブ・ジョブズはあまりにも有名ですが、同じ型の白いワイシャツを十数枚も持っていて、スーツでもカジュアルでもそのシャツで通している経営者もいます。老舗（しにせ）シャツ店のオーダー品ですが、敬愛する父親が愛用していたそのシャツを、若い頃から「いつか自分も」と思っていたのだそうです。

彼らは経営者だから特別に許されているわけではなく、要は**「あの人、ファッションには無頓着だけど仕事はできるよね」**と言われるようになれば、どんなスタイルでもOKということ。フリーランスにとって、**ファッションもまた立派なセルフ・プロデュースの一環**と考えましょう。

最近は一般の企業でも服装のカジュアル化が進んでいます。**きちんと手入れされた清潔なものを身に着ける**、クライアントの上層部も同席する**重要な会議ではジャケットを着て、ときにはネクタイを着用する**など、たとえいつも似たようなお仕事ファッションであったとしても、**社会人としての一般常識とTPO**は押さえた上で、**自分なりのスタイル**を確立しましょう。

コワーキングスペースやレンタルオフィスを利用する！

フリーランスになるとき真っ先に考えるのは、**「働く場所をどうするか」**ではないでしょうか。

フリーランスの「働く場所」についての調査（リクルートワークス研究所　2019年）では、**全業種で64％が「自宅」という結果**でした。クリエイティブ職に限れば、80％もの人が自宅を仕事場にしていました。さらに言えば、**クリエイティブ職の14％は「カフェ」**だったそうです。

とはいえ**「小さい子どもがいるから自宅作業はムリ」「名刺に自宅住所は入れたくない」**など、さまざまな理由から自宅以外の仕事場所が欲しいけれど、新たに部屋を借りる余裕はない人もいます。そこで、手軽に利用できる注目のオフィススタイルを次のページにまとめました。バーチャルオフィスは「働く場所」ではありませんが、名刺に自宅以外の住所を記載したい人は知っておくと便利なサービスです。

フリーランスに便利な働く場所の種類とメリット・デメリット

	レンタルオフィス	コワーキングスペース	バーチャルオフィス	ノマドワーカー
特徴	契約したその日から事務所として使える。法人登記できる物件も多い。短期間の利用もできるので、スタートアップには手頃。	図書館やカフェのようなオープンスペースになっていて、個人の専用スペースはないことが多い。「月額定額制」が多いが、1日単位、時間単位で利用できる施設もある。	住所や電話番号は借りられるが、オフィスとしての実体はない。レンタルオフィス事業者などが運営していることが多い。	パソコンやタブレットだけ持ってカフェなどで作業する働き方。今ではライター、SE、プログラマー、コンサルタントなど幅広い業種に広がっている。
メリット	初期費用を抑えられる。好立地の物件が多い。	異業種の利用者同士の交流から新たな協働やビジネスアイデアが生まれやすい。	住所は都心の好立地が多い。オプションで郵送物の転送や会議室の貸し出しなどのサービスも。	場所はもちろん、時間や服装などあらゆる束縛から自由になれる。
デメリット	会議室や電話代行サービスなどのオプションを利用すると、けっこう高額に。会議室などはパーテーションで仕切っているだけのことが多く、情報管理にはご注意を。	多くの人が出入りするので、雑音が気になる人には不向き。パソコンなどのセキュリティにも注意が必要。	バーチャルオフィスに設けた法人口座が犯罪に利用される可能性があるため、口座開設の審査が厳しく、開業が認められないこともある。	どんな環境でも作業に没頭できる、高い自己管理能力が必要。地方などでは、フリーWi-Fiを備えている場所ばかりではないので注意しよう。

手軽さか、セキュリティか、
社会的信用度か。優先順位を考えよう！

最初の仕事をとるための営業術！

最初の仕事は、今まで所属していた会社も含め、これまで培ってきた人脈を頼るのが普通でしょう。それを考えると、フリーランスになるときほど**「円満退社」は大切**です。同じ業界にいれば、以前の会社の人とどこかで出会うこともあります。そんなとき、**気まずい辞め方をした相手を快く思う人はいません。**退職前に2週間かけて社内中挨拶回りをしたという経営者がいましたが、それくらい**辞め方は重要**だということです。

では、今までの人脈を頼らずツテのないところに営業に行く場合はどうすればいいでしょうか？　フリーランスになってすぐ、臨月のお腹を抱えて飛び込み営業に行き、「仕事くれなかったらここで産みます！」と言って受注に成功した女性ＩＴ技術者がいました。度胸の良さが買われたのでしょうが、さすがにこれは例外。一般的にはフリーランスにとって最大の商品である**「自分自身」を売り込む方法**を考えます。つまり**これまでにした仕事、どのような作品・商品に関わってきたかを、一目でわかるように**しましょう。

自信を持って「これが私の仕事です」と言えるほどのキャリアがなかったとしても、**「この仕事のこの部分を担当しました」「こういう仕事をしたいんです」**と説明できるように準備をしておくことは大切です。

フリーランスの営業とは、**こんな技術を持っていて、どんな仕事をしてきた自分だから、あなた（クライアント）のために役に立ちますよとアピールする**こと。「前は大企業に勤めていた」という**経歴だけでは、仕事をとれない**ことをお忘れなく。

「仕事を断ってはダメ」と言われるけど、なんでも引き受けていいの？

依頼があった仕事はなんでも受けるべきだと、言われたことはありませんか？
これは駆け出しの頃のフリーランスが必ず一度はぶち当たる壁と言えるでしょう。
なぜ「仕事を断ってはいけない」のか。それはもちろん、**1回断ったら次はもうオーダーが来ないかもしれない**から。もちろん、「今受けている仕事と納期がかぶるので難しい」などと正直に言って断るのは、**1回はアリ**でしょう。けれど**それが2回、3回となると、「あの人はうちの仕事はしたくないらしい」とか「彼はとても忙しいから、こんな急な仕事は頼めないな」となりかねません。**

フリーランスも駆け出しの頃は、とにかく売上を上げたいのが本音でしょう。とにかくお金を稼ぎたい、だからコストパフォーマンスのいい仕事を片っ端から受けたくなる気持ちはわかります。

だからといってなんでも受けるべきなのかといえば、それも正解とは言えません。

急なトラブルが発生して作業が遅れ、次の仕事に着手できないとか、クライアントのムチャ振りで締切が急に早まるなんていうのはよくあること。同じ状況でも、会社員だった頃はチームで手分けしたりしてなんとか乗り越えることができました。でも今は自分1人。**若いうちは数日徹夜でもすればなんとかなるかもしれませんが、そんなやり方が長続きするはずはありません。**

さまざまなリスクを回避しながら可能な限りの仕事を受け、経験を重ねながら自分の方向性——**一流のスペシャリストになりたいのか、いずれは会社にしたいのか**——を探っていくというのが、多くのフリーランスの道筋です。

ただし、ムリとわかっていても受けるべきときがあります。それは**将来の目標のために、絶対必要な仕事だと思ったとき。**「自分はこの分野で一流になりたい。そのためにこの仕事は必要だ」と思ったら、極端に言えば他の仕事をなげうってでも受けたほうがいい。ただし、そこで失敗は許されません。**120%の力を注いでクライアントの要求に応え、もちろん納期もきっちり守って、初めて次のステージにステップアップできる**のです。

集客するための広報PR術！

フリーランスになって「自分の店」をオープンするケースがあります。「店」といっても、コンサルタントやインストラクターのように、必ずしも実店舗を持たない開業もありますが、より多くの顧客を掴みたいという点ではどちらも共通。**自分の「店」を大勢の人に知ってもらうためのPR活動が必須**です。

カフェやネイルサロンなど実店舗の場合は、地域の人に知ってもらって、多くの人に直接足を運んでもらいたいので、やはり**チラシやポスター、DMハガキなどリアルな広告媒体は必要**でしょう。駆け出し時代に老人ホームなどでネイルケアのボランティアをしながら、気に入ってくれた人に名刺を配ってお客を増やし、実店舗オープンにつなげたネイリストがいますが、とくにネットに不慣れな高齢層の顧客を掴みたい場合は、リアルな広告媒体は欠かせません。

もっとも簡単で安上がりなのは手書きをコピーして自分で配り歩く方法ですが、さすがにこれは非効率。今は広告・印刷サービスの「ラクスル」のように、**デザインから印刷、新聞折り込み・ポスティングまで、一括して対応してくれる業者**もありますし、特定地域に強いポスティング会社に依頼するのも効果的です。

チラシやポスターの配布&貼付方法にもルールがあります。駅やコンビニ店頭にチラシのラックがあったり、ポスターなどを貼っているのを見かけますが、これは基本的に有料で、業種や内容によっては断られることもあります。けれど**地域活性化のために無料のチラシ配布コーナーを設けている商店街や施設もある**ので、周辺地域を調べてみるといいでしょう。

一方、必ずしも地元での認知度アップを目指す必要がない業種（コンサルタントやデザイナー、イラストレーターなど）では、**HPやSNSによるPR**が欠かせません。とはいえ自分でHPを立ち上げるのはスキルが必要。数万円で制作してくれる業者もありますが、デザインが選べない、自分では更新できないなど、不満が出てきそう。それなりのクオリティだと数十万、SEO（検索したとき上位に来る技術）も駆使してとなると、100万円以上の出費を覚悟しましょう。

06 SNSを使ってPRするには!?

Twitter や Facebook が登場してから、**SNSはPR&マーケティングの最大の武器**と言われるようになりました。炎上や個人情報流出などの問題はあっても、**フリーランスにとってSNSが重要な情報発信ツール**であることは間違いありません。

PR活動に利用するためのポイントその1は、**マメに更新する**こと。その2は**「ハッシュタグ」を効果的に使う**ことです。ハッシュタグとは「#〇〇(店名など)」のように、アタマに#をつけたキーワードのこと。ユーザーにとってはハッシュタグで検索するだけでコメントをまとめて閲覧できるメリットがあります。Twitter で始まった機能ですが、今は Instagram や Facebook でも利用できます。

投稿するときの注意点は、**写真や投稿コメントの扱い方**です。仕事に関する投稿の多くは「こんな商品、作品をつくった」「こんな取材を受けた」「こんな人と仕事した」というものでしょう。自分がつくった物を、自分で撮影してアップするのは問題ないのですが、誰かが撮影した写真をアップする場合は**撮影者の許可が必要。**誰かと一緒に写った写真を投稿する場合も、**写っている人の許可を得なくてはなりません。**

実は「自分のことが掲載された記事や動画のアップ」も、勝手にはできません。その理由は、**記事の著作権は出版社や放送局にある**から。かつては著作権侵害は親告罪（被害者が申し立てないと罪にならない）でしたが、平成30年に改正されて一部が非親告罪となり、**著作権者の申し立てがなくても起訴される**ようになりました。ＳＮＳにアップするときは、**記事や写真の著作権が誰にあるかをしっかり把握**しておきましょう。

主なSNSの種類と特徴

	Facebook	Twitter	Instagram	LINE
主なユーザー層	アカウントは実名登録。ユーザーは比較的年齢層が高い。	ユーザーの年齢層は幅広い。投稿に文字数制限がある。	10～20代の女性中心。写真や動画などビジュアルとセットで投稿する。	メールに代わるコミュニケーションツールとして、若者のユーザーが多い。
こんなPR向き	HPを開設する余裕がない個人商店などに向く。比較的長文でもOK。新商品や定休日のお知らせなど、細かな情報を掲載しやすい。	消費者のリアルな意見にすばやく対応できる。匿名アカウントが多く、炎上しやすいので注意が必要。	ビジュアルで目を惹くための撮影テクニックが必要。フォロワーの多い女性ユーザーにシェアしてもらうと情報が拡散する。	グループのメンバーに一斉送信できるので囲い込みしやすい。スケジュール調整機能や投票機能がある。

07 見積書、請求書、納品書をつくろう！

入社8年で会社を辞め、フリーランスになったEさん。「初めての仕事が終わってて検索したのを覚えています」。会社員時代に請求書を書いたことがないとか、会社のフォーマットしか知らないという人は、たくさんいるはずです。

そこで、フリーランスが用意しておいたほうがいい伝票類を左ページにまとめました。最低限必要なのは**請求書と領収証**。さらに時間給で報酬が決まる業種の人や、現物の商品を扱う場合は、**見積書と納品書**も用意しておくといいでしょう。パソコンが得意ならExcelやWordで**オリジナルをつくってもいい**し、検索すれば**無料で使えるテンプレート**もいっぱいあります。もちろん市販の伝票に手書きでもかまいません。

コツとしては、とくに請求書と領収証には**通し番号を入れておく**こと。**入金管理がしやすくなり、後々の伝票整理がラクになります。**

請求書のサンプルと書き方

相手の氏名

請　求　書

請求書の発行日

通し番号

株式会社ＡＢＣＤ　　御中　　　　２０２１年〇月〇日　　No.　0001

ご担当：　　〇〇　　様

件名：××××代金として

請求する項目

下記の通り、ご請求申し上げます。

自分の名前（屋号）、住所、電話番号、印鑑

〒000-0000東京都新宿区新宿0-0-00
△山〇太郎　㊞
TEL：
FAX：

合計金額　　¥26,400　　（税込）

No.	摘要	数量	単価	金額
	商品A	5　個	1,000	¥5,000
	商品B	10　個	1,000	¥10,000
	Cに関する作業	6　時間	1,500	¥9,000

小計	¥24,000
消費税	¥2,400
合計	**¥26,400**

振込口座の情報

お振込先
〇〇銀行　△△支店
普通　1234567
口座名　△山〇太郎

請求内容（商品名と単価、個数、作業内容など）と消費税額、合計金額

その他の伝票

●見積書
あらかじめ大まかな金額を提示する伝票。
- 相手の名前（社名）
- 自分の情報（名前、住所など）
- 見積内容（商品名や作業内容の単価、個数、合計金額）
- 見積書の作成日
- 必要に応じて納期、取引条件など

●納品書
物理的な実体のある商品を「確かに納入しました」と明記した伝票。
- 納品日時と納品を担当した人の名前
- 納品した商品名、単価、個数など

●領収証
商品やサービスに対する対価を受け取った確認の伝票。
- 領収証の発行日
- 相手（支払った側）の名前（社名）
- 自分の名前、屋号、住所、電話番号と印鑑
- 領収した金額と消費税額
- 但し書き（何に対する代金か）

見積書の中身はどうやって書くの？

駆け出しのフリーランスから、よく「見積書を出してと言われたけれど、**自分のギャラ**をどうやって決めればいいいんですか？」と尋ねられます。見積とは、**その仕事ではこれだけ請求しますよという概算**のこと。たとえば100円の部品を10個使って3時間で製品をつくるとしたら「時給×3時間＋100円×10個」となります。

フリーライターの場合なら、それぞれの出版社や広告代理店によって単価が決まっているので、見積書を要求されることはほとんどありません。しかし、取引したことがない中小企業が、HPのコピーライティングやニュースリリース作成を依頼してくるようなときには、見積を要求されることがあります。ところがライターやイラストレーターのように、資材や原価が少ない仕事は、極端に言えば1000円でもできてしまいます。それで、**最初の価格設定に困る**のです。また、たとえ資材や原価がかかる業種でも、**自分の作業料金をいくらに設定すべきか迷う**という人もいるでしょう。

そんなときアドバイスするのは**「最初から自分の値段は言うな」**。そして、まず**予算を聞きましょう**。もしかしたら**先方はもっと高い値段を想定して予算を組んでいるかもしれません**。逆にあまりにも少ない予算だったら「〇〇社の仕事ではこれだけもらっています」と交渉できます。これならお金の話が苦手な人もやりやすいでしょう。

見積書を要求されるのは、まだ仕事になるかわからない初期の段階です。でも、最初にお金の話をするのは、とても大切なことなのです。もちろん見積の内容次第で、依頼がなくなる可能性はあります。それでも、納品してから「え、この金額!?」と愕然とすることはなくなるはず。**気持ちよく仕事するために必要な作業**と考えましょう。

ただし、ときには仕事を進めるうちに予想外の出費が必要だったり、想定した以上に時間がかかって見積の金額では割に合わなかったりする場合も出てくるでしょう。そんなときは**その都度確認を取り、新たな見積書を再提示する**こと。面倒に思うかもしれませんが、**見積書は「この条件でこういう成果物を納品します」という取引の証拠の1つ**であり、**支払い時のトラブル防止に役立つ**ものなのです。

業務委託契約を結ぶには⁉ どこをチェックすればいい？

フリーランスが**企業などから仕事を請けるときに交わす「業務委託契約書」**ですが、実は民法に「業務委託契約」という契約類型はありません。企業から業務を依頼され、その業務を遂行する見返りに報酬を得る契約には「請負」「委任（準委任）」と「雇用」があります。そのうち**「請負」や「委任」の契約をするときに、それらを区別せずに、業務委託契約**という形で契約を結ぶことが珍しくありません。

請負契約と委任契約の違いは**「成果物」の対価が報酬であるかどうか**。家を建てるとか、本を1冊つくる仕事のように、家や本が完成し、納品して初めて報酬を得られるのが「請負契約」です。一方、医師や弁護士、コンサルタントのような、成果物に対する対価ではなく、一定のサービス（役務提供）に対する報酬なのが「委任契約」です。どちらかによって契約内容は異なりますが、いずれにしろ**契約書をつくり、双方が内容を確認し、署名捺印（なついん）した上で1通ずつ保管**します。

契約書は発注者側が用意しますが、問題は**専門用語満載でとにかくわかりにくい**こと。面倒だからと、内容を読まずに署名捺印するフリーランスも多いようです。しかし、**契約書には納期や報酬以外にも、業務上必要なことがほぼすべて記載されています。**たとえば、「この仕事はやるけど、これはやりません」といった**業務範囲を確認**しておかないと、後から仕事が増えてトラブルになることもあります。また、**口頭で約束したことも、契約書に記しておく必要があります。**契約では企業も個人も対等。**自分を守るため**にも、**最低限のことだけでも確認してから契約**を交わしましょう。

契約書は最低限ここをチェック！

- ■契約の主体（誰と誰の契約か）
- ■期間（あるいは納期）
- ■業務内容（何を、どの範囲で依頼されたか）
- ■報酬（金額と支払い方法、支払期日）
- ■著作権などの権利は誰のものか
- ■約束通りに履行できなかったらどうなるか
- ■どんな場合に契約破棄できるのか
- ■契約期間が終わったらどうなるか（満了か更新か）

契約書の内容を変更してほしい。直接言って大丈夫？

業務委託契約の契約書は法律用語満載で、しかも何ページにもわたって条文が並び、あまりの難解さに頭がクラクラします。だから読まなくてもいいかといえば、逆です。**難解だからこそ内容を把握しておく必要がある**のです。

なぜなら、**発注者にとって有利な条文をこっそり紛れ込ませている可能性がある**から。たとえば「納期が遅れたから損害賠償で1億円払えと言われた」とか「契約が終わってからも、数年にわたって競合他社の仕事を禁じられた」など、個人ではとうていムリな責任を負わされたり、他の仕事を受けられなくなったりといった内容もありえます。もちろんそこまでの悪意はなくても、**結果的にフリーランスに不利になっているケースは多々あります**。

明らかに不利だと思ったり、「あれ？　前に担当者が言っていたことと違うぞ」と納得できないと感じたら、必ず**サインをする（印鑑を押す）前に内容を確認しましょ**

う。担当者に直接聞きにくければ、**経理や法務の部門の人**に「これってどういう意味ですか？」と尋ねれば、親切に教えてくれることも少なくありません。**同じようなトラブルのケースをネットで検索**して、「普通はこうなんですけど」と伝えるだけでも効果はあります。その程度の対応もしてくれないなら……そのクライアントとは契約しないほうがいいかもしれません。

どう判断すればいいかわからないときは、専門家を頼るしかありません。でも弁護士の知り合いはいないし、いきなり弁護士事務所を訪ねるのはハードルが高い。そんな人は下記の相談窓口を利用しましょう。

Check 契約・法律に関する相談窓口

フリーランス・トラブル110番
第二東京弁護士会による無料相談窓口
0120-532-110

日本司法支援センター 法テラス
国による法律支援窓口。全国どこでも利用できるが、無料相談には収入制限や回数制限がある
☎0570-078374

契約に関することだけでなく、ハラスメントや報酬の未払い、著作権などの権利問題まで、さまざまな相談にのってくれます。

交通費、経費は取引先に請求できる!?

出版社や放送局のように、多くのフリーランスや外注の協力会社によって業務が成り立っているような現場では、よほど高額だったり私的な品目でもない限り、交通費も含めてほとんどの経費を取引先企業（出版社や放送局）が負担してくれます。

確かに仕事の内容によっては、何度も現地に足を運んだり、資料を購入することはあるでしょう。イベント制作をしているFさんも、地方のイベント業務を請けた際、現場の下見や打ち合わせで何度も足を運び、役所への申請などの確認で何度も電話をしました。その交通費と通信費だけで、予算オーバーしそうだと嘆いていました。

Fさんのような場合、かかった経費は業務終了後に取引先に請求できるのでしょうか。結論から言えば、**「契約の内容次第」**。契約書に「経費は別途請求できる」とあれば、請求書に加えて問題ありません。しかし、**とくに取り決めがない場合、支払ってもらえないことがあります。**

一般的に、発注者と相談して折半したり、一部負担してもらえる場合もありますが、これはあくまでも慣例。民法上、「委任事務を処理するのに必要と認められる費用」については請求ができるとされていますが、本当に必要であったかどうかが争われて支払われないこともありますので、**交通費や通信費がかさんできた時点で取引先に申し出て、経費がかさんだ理由を説明して、経費を出してもらう、折半する、最悪は契約を終了するなどの判断が必要**になります。

自腹になってしまった場合は確定申告で経費として計上するしかありません。ただし**確定申告で必要経費として認められるのは、収入を得るためにかかった経費のみ。**交通費や必要以上の資料、下調べのための予備取材、念入りな打ち合わせのための通信費などは、どこまでが本当に必要な出費なのか証明が難しいため、経費として認められない可能性もあります。

だからこそ、**経費についても最初に取引先と話し合った上で、納得できる形で契約書に明記しておくことが大切**です。できれば**交通費や通信費、資料代など、請求できる項目を細かく定めておく**といいですね。

12 取引先会社の経費で購入する物品のポイントは貯めていい？

最近は日本もキャッシュレス化が進んでいます。キャッシュレスで買い物をすると、ポイントがつくことが多いです。取引先企業が経費を負担してくれる場合に、**資料として本を買ったとき、あるいは出張の新幹線代をいったん立て替えたときのポイント**は、自分のものにしていいのでしょうか。

まずは法律上の観点から。もしも法人クレジットカードを渡されて「このカードを使いなさい」という指定があるのに個人カードを使ったら、契約上の問題になるでしょう。しかしとくに指定がないのであれば、取引先に損害を与えるわけではないので、罪に問われたり損害の賠償を請求されたりすることはないと考えられます。つまり、**ポイントを自分のものにしてもいい**のです。

では、そうやって得たポイントは、**確定申告時に所得として申告する必要があるのでしょうか。答えはＮＯ**です。国税庁によると、**決済代金に応じて付くポイントは**

「値引き」であり、所得ではないとのこと。ただし**抽選などで臨時・偶発的に得たポイントは値引きではなく、「一時所得」の扱い**となります。一時所得の合計が90万円を超えると確定申告をする必要があります。

でも一番は、道義的な問題ではないでしょうか。飲み会の支払いで自分のカードを使ってポイントを貯める〝裏技〟が、**「セコい、ズルい」**とヒンシュクを浴びましたが、これも同じようなもの。カード決済が当たり前になり、使ったら使っただけひとりでにポイントが貯まるのはしかたないとしても、**原資は取引先のお金**だということは忘れないほうがいいかもしれません。

就業時間はどうやって決めるの？

フリーランスになった動機として59・４％の人が挙げているのが**「自分の裁量で仕事をするため」**（フリーランス協会「フリーランス白書２０１９」）。実際、**多くのフリーランスが働く場所や時間を自分で決める自由を手にしている**ようです。

ただし、取引先と雇用関係でない場合は、フリーランスには「１日８時間、週40時間を超えて労働させてはならない」といった**労働基準法は適用されません。残業代も出ません。**あるのは「いつまでにこの成果物を納めなくてはならない」「期限が決められた場合にはその期限までに決められた作業を行わなければならない」という契約のみ。だから、「自分のペースだとこの仕事をするのに必要な時間はこれくらい」と想定し、そこから**逆算して「1日3時間やれば大丈夫」とか「1日10時間は作業しないと間に合わない」などと判断する能力**が求められます。

自分のライフスタイルに合わせた時間配分も考えなくてはなりません。たとえば子育て中のフリーライターのGさんは、子どもが寝静まってから深夜までの時間を原稿執筆に充てています。一方、一人暮らしのアニメーターのHさんは、今日はここまで作業をすると決め、それが終わらない限り明け方までも仕事をしているそうです。

もちろん、どんなにペース配分を考えて作業したところで、**想定外のことが起こって結局、最後は徹夜作業になった**ということは、誰もが一度は経験しているはず。その結果「徹夜仕事はしたくないから仕事をセーブしよう」と考えるようになる人もいるでしょう。それもまた、**フリーランスならではの働き方の選択**です。

フリーランスと会社員の労働時間の違い

フリーランス	質問項目	会社員
4.7 日	労働日数（週平均）	5.1 日
31.9 時間	時間（週平均）	42.1 時間
44.8 分 （「0 分」は 45.2%）	通勤（平均時間）	68.2 分 （「0 分」は 1.8%）
YES ＝ 64.1%	自分で勤務日を選べた	YES ＝ 24.4%
YES ＝ 63.4%	自分で勤務時間を選べた	YES ＝ 18.6%

リクルートワークス研究所「データで見る日本のフリーランス 2020」より作成

通勤しないと運動不足になりがち?

「フリーランスの働き方とお金に関する調査」（ライフネット生命、2014年）によると、フリーランスが会社員に比べて不安だと思うことの第2位は**「病気やケガの保障が少ない」**でした（1位は「収入が不安定」）。病気やケガで仕事ができなくなっても、**フリーランスに有給休暇や傷病手当はありません**。今、取り組んでいる仕事の収入が見込めなくなるどころか、そのまま仕事を切られる可能性もある。そう思うと、**「健康」はフリーランスにとってある意味、お金以上に切実な問題**です。同じ調査で、平均貯蓄額が会社員359万円に対しフリーランス431万円だったのも、そうした危機意識の表れでしょう。

とはいえ、どんなに注意していてもケガや病気になることはあります。そんなときプログラマーのIさんは、知り合いの学生やフリーターに手伝ってもらって納期に間に合わせることができました。またカメラマンのJさんは、かつての師匠に代役をお願いしたそうです。このように**いざというとき助けてくれるつながりを持つこと**はとても大切。言ってみれば**フリーランスのライフライン**です。

〝いざというとき〟がなるべく来ないように、普段から健康を心がけているフリーランスは少なくありません。とくに体力に自信がなくなり、生活習慣病が気になり始める40代あたりから「毎年の健康診断を欠かさない」とか「できるだけ体を動かすようになった」という人が増えます。中高年になって健康が気になるのは会社員も同じですが、**健康が仕事（＝収入）と直結するフリーランスのほうが切実**かもしれません。

健康機器メーカーのタニタと筑波大学の共同研究（2020年）によれば、コロナ禍で在宅ワークになった会社員の1日の平均歩行量は約30％も減っていたそうです。会社員の場合、在宅ワークでもたいてい勤務時間が決まっているので、気分転換に散歩をしようなんていう自由はありません。でも**フリーランスなら、スポーツジムやプールでひと汗かくのを前提に時間を組み立てればいいだけ**ですから、難しいことではありません。**健康をキープするのも仕事の一環**と考えて、積極的に取り組んでください。

2章のチェックポイント

☐ **身に着けるものも営業ツールの1つ**

ファッションもセルフプロデュースの一環。こだわりのあるもののストーリーを話せば、新しい仕事のきっかけになるかも。

☐ **前職の看板では仕事はとれない**

フリーランスは仕事の実績がすべて。自分の仕事や作品をひと目でわかるようにしておいて売り込む。

☐ **SNSは著作権に注意**

PRツールとしてSNSは有効。ただし記事や写真などをアップしていいか、著作権を確認すること。

☐ **最初から自分の値段を言わない**

自分の作業料金に迷ったら、まず先方の予算を聞く。その上で値段の交渉をする。

☐ **口頭の約束や経費も契約書に入れる**

業務範囲や納期、報酬、経費など、後から「言った」「言わない」とならないためにも、契約書に入れて双方で内容を確認し、署名捺印して1通ずつ保管する。

3章

約束のギャラがもらえない！仕事のトラブル対処法

建築士うま田

予定より作業量が増えたのに支払ってもらえなかった！

簡単な仕事のつもりだったのに、いつの間にか業務量が膨大に。頑張って納品したら、なぜか報酬は当初のまま……フリーランスによくある話です。身を守るためには、**業務委託契約をきちんと結ぶ**必要があります。2020年4月に施行された**改正民法では、より契約書の内容が重要視されるようになりました。**そのため、成果物についてだけでなく、**業務量やスケジュールなども契約書に明記する**ようにしましょう。

では「契約書がない！」「契約書に記載がない！」というときはどうなるのでしょう？　基本的には**民法に従うのが原則**です。成果物の納入で支払いが発生する請負契約なら、途中で業務量が膨大に増えたり、聞いていたよりも短い作業期間で納品を迫られたりしたときには、**追加の料金について取引先と相談し、契約書に追記する、あるいは最低でもメールでやりとりしておく**と、請求するための根拠になります。

「聞いていた話と違う」というトラブルは、フリーランスにはつきものです。改正民法では、「瑕疵担保責任」（成果物のミスや誤作動が見つかって修正する責任）という言葉がなくなり、**「契約不適合責任」**となりました。瑕疵担保責任では発注者は①修補請求（ミスを修正してもらう要求）、②契約の解除、③損害賠償請求ができましたが、新たに**④代金の減額請求**もできるようになりました。

その他にも、請負人への責任追及期限の条件や、契約途中で解除となった場合の請求ルールなど、フリーランスにも関係してくる変更がありました。

それだけ契約書の重要性が増したと言えます。**仕事に着手する前に条件をきちんと話し合い、明文化すること**が重要です。

民法改正のポイント（2020年4月施行）

■瑕疵担保責任→契約不適合責任

・「瑕疵」→「契約不適合」（目的物が種類又は品質に関して契約の内容に適合しない）に変更。

・発注者は契約不適合の場合に「代金の減額請求」ができるようになった。

■請負人への責任追及期限が納品後1年→知ったときから1年

・ミスなどの修正を要求する期限（責任追及期限）は納品後1年以内だったが、発注者が不具合を知ったときから1年以内に変更。

■仕事が完成しなくても報酬を請求できる

・契約の途中解除などが起きたときのルールがなかったが、①仕事が完成できなかった場合、②仕事の完成前に契約を解除された場合に、途中までの成果に応じて報酬の請求が可能となった。

02 出来高制でノルマをこなさなければノーギャラと言われた！

フリーランスがもっとも避けたいトラブルは、**ちゃんと働いたのに報酬がもらえないこと**。これは、注意しないと実際に起こる可能性があります。

営業フリーランスのKさんは、音響設備の会社からセールスを委託されました。ライブハウスや音楽スタジオにスピーカーなどを販売する仕事で、毎月30万円ほどの収入になるという話です。新規開拓を進めて、いくつか契約の直前までいったところで襲ってきたのが新型コロナウイルス感染症。経営不振に陥った営業先から「設備の購入どころではなくなった」とみんな断られて努力は水の泡。取引先に「これまでの営業活動に対価がほしい」とメールを送ると、**「うちは完全出来高制だから、売上がないと払えない」**という返信。業務委託契約書はなく、業務内容を説明されたときに口頭で「うちは完全出来高制なので……」と言われたことを思い出しました。

Kさんのようなケースは珍しくありません。下請法では、**資本金1000万円を超**

える会社は、発注時に業務内容などを書面で示すことになっています。「下請事業者の給付（納品）の内容、給付を受領する日、受領する場所」「下請代金の額、支払期日」「原材料等を有償支給する場合は、品名、数量、対価、引渡しの期日、決済期日、決済方法」など12の項目を、下請事業者に文書で伝えるように義務づけられています。

しかしビジネスの現場では、現在でも書面で示さない取引先が少なくありません。

フリーランスのほうから**「業務委託契約書を作成してください」と頼む**こともできます。相手が下請法などを理解していれば、当然の要請と受け止めて契約書を作成してくれます。

しかし、ダメな担当者は「うちの会社はあまりそういうことはやらない」「お互い契約に縛られると窮屈（きゅうくつ）だからやめましょう」などの曖昧な理由で拒否することがあります。**本音を言えば、契約書を作成しないほうが、自分たちの都合で業務内容を変更したり、追加業務を求めたりできますし、何より面倒くさい**のです。トラブルが起こる前に、そうした取引先は**今後も取引を続けるかどうかを検討したほうがいい**でしょう。

03 仕事が先方の都合でキャンセルになった。その分の補償は？

業務を進めていたら、取引先から**「仕事をストップしてください」**とメールが届く。突然の業務中止……頭の中が真っ白になるトラブルです。

フリーライターのLさんは、出版社から単行本の聞き書きを頼まれました。著者にインタビューして原稿にまとめるゴーストライターの仕事です。

インタビューが終わり、原稿をまとめ始めて2週間がたった頃、担当編集者からいきなり「今回の本は刊行されないことになりました」とメールが届きました。もう半分以上は原稿ができているので、ビックリして電話すると「販売部が市場調査したら、まったく売れる見込みはないと判断して……ごめんね」と言われました。計6回のインタビューや構成づくり、半分の原稿作成などにもう1ヵ月以上を費やしています。

その労力と時間にいくら請求すればいいかは、Lさんにも見当がつきません。**契約書はなく、口頭の打ち合わせでも最終的な報酬額を聞かなかった**からです。

担当者に相談すると「プロジェクトが消滅したから、その予算はない」と言われ、「申し訳ない」の一点張り。結局、Lさんは「ここで貸しをつくって、どこかで穴埋めしてもらおう」と自分に言い聞かせて泣き寝入りしました。

これは、Lさんの責任ではありませんからひどい話です。出版社の事情で中止が決定したなら、少なくともこれまでの業務に対する報酬は支払われるべきでしょう。

仕事の発注は契約の申し込みとみなされるので、このケースはLさんに**契約違反がない場合の契約解除**となります。となると、発注者（出版社）は請負人（Lさん）に対して、**契約解除により請負人に発生する損害を賠償する義務**を負います。「請負人に発生する損害」には、Lさんが**本来もらうはずだった報酬**（逸失利益）も含まれます。

そのとき請求額を決める基準は、初めに提示された報酬額です。１００万円と提示された場合は、全工程の6割が完了していたら60万円を請求する、という計算ができます。このようなトラブルに備えて、**報酬金額は早い段階でしっかり確認しておく**ことが大切です。

「予備日」を指定されたけれど、その分の補償は？

まったく仕事がない時期があるかと思えば、依頼が重なると、喉から手が出るほどやりたい仕事でも断ることもあるのがフリーランスです。

カメラマンのMさんは、ある会社の本社ビルの撮影を頼まれました。撮影日を決めるとき、担当者から**「天候が悪い場合を考えて、予備日も決めましょう」**と別の日も空けておくように言われました。後日、Mさんは別の取引先から、雑誌のグラビア撮影という魅力的な仕事の依頼を受けました。報酬はかなり高め。しかし撮影日は、ビル撮影の予備日です。すぐ電話で予備日の変更を頼んだところ、**「関係者全員のスケジュールを変更することになるから、それはできない」**と断られました。

ビルの撮影は晴天に恵まれ、当初決めた日に完了。しかし予備日だった日を迎えると、Mさんは1日空いていることに釈然としません。思い切って、担当者に「断った仕事の報酬を補償してくれませんか」とメールを打ちました。しかし、当然のように

「そういう支払いは事前の契約にありません」と拒否されました。

Mさんは、予備日を打診された時点で**「この日に別の仕事が入ったらそれを断って空けておきます。なので、その仕事の分の報酬を補償してもらえますか?」と確認すべき**でした。**補償がなければ予備日を決めない**という選択もあったからです。

このようにフリーランスには、予定外の時間を使うことを求められたり、追加業務が発生したりするケースはよくあります。

そのたびに**「これは追加料金に当たるのか」と考える癖**をつけましょう。ここが会社員とは大きく違うところです。

同業他社の仕事も引き受けていいの？

特定の業界で活躍するフリーランスなら、取引先のライバル会社から、似たような仕事を依頼されることもあります。取引先に相談したら「NG」と言われそうだし、黙って引き受けるのも気がとがめます。

広告業界やコンサルティング業界など、主に守秘義務の観点から**「1業種1社制」**が意識される業界もあります。これは**「競業避止義務」**(きょうぎょうひし)と呼ばれ、フリーランスにも課せられることがあります。たとえば、**販売の業務委託契約書に「契約期間中に競合他社の商品を販売してはならない」という条項が入るケース**です。

人事コンサルタントのNさんは、A社で人事制度の改定を指導しました。業務が完了した後、同じ業界のB社から同様の依頼を受けました。NさんがA社と結んだ契約に、競業避止義務はありません。ただし、守秘義務契約は結んでいるので、A社で知り得た情報を漏らすことがなければ、B社でも人事制度改定を指導できます。

「日本のフリーランスについて」（内閣府政策統括官　２０２０）によれば、**フリーランスの約８・６％は競業避止義務を伴う仕事に従事している**そうです。この義務によって、フリーランスはビジネスチャンスを逃す可能性があります。そのためこの義務が課される場合は、**報酬額が通常より高い**ことがあります。いわゆる**「賃金プレミアム」**です。競業避止義務が含まれる契約では、報酬にその上乗せ分があるかを確認し、上乗せがなかったら賃金プレミアムを求めてもいいでしょう。フリーランスが**一方的に不利益を被る契約内容は、独占禁止法上の問題になる場合もあります。**

Check

同業他社の仕事ができない契約書のサンプル

第○条
乙（フリーランス）は、甲（取引先）から事前の許可を得ずに、甲と同じ事業及び類似する事業に関し、自己または同業他社の利益を図るために同様の業務を行ってはならない。

第○条（競業避止義務）
乙（フリーランス）は、甲（取引先）と同種の事業を営む会社と業務委託契約を結ぶ場合、事前に甲の承諾を受けるものとする。

06 契約書がないまま仕事を進めたけれど、口約束でも契約違反になる？

仕事を請けるとき、**業務委託契約書や発注書を取引先から受け取る**のは基本中の基本。しかし正式な書面がなくても、契約は成り立ちます。たとえば**メールで「今回の業務内容はどうなりますか？」「報酬はいくらですか？」と尋ね、その回答をもらえばいい**のです。**LINEのやりとり**でも、トラブルが起きたときは証拠になります。

担当者の中には、重要なことをメール等で連絡するのを避ける人もいます。不利な証拠を残さないため、報酬金額などを電話で知らせてくるタイプです。**口頭や電話でも契約は成立します**が、後で「言った」「言わない」のトラブルになりがちです。そういうときは、**電話の音声を録音**しておくといいでしょう。スマホなら**スピーカー通話にしてICレコーダーで録音したり、専用アプリで通話を録音したり**できます。

または、**電話で打ち合わせたらすぐメールで内容を確認**する。「さっきのお話はこの内容でいいですか？」とメールして、必ず回答をもらっておきます。少し面倒でも、トラブルを未然に防げるのならやっておくべきです。万が一、**裁判になれば、請求する側が契約の証拠を出す**ので「電話で聞きました」だけではなかなか信用されません。

手順としては、まず業務委託契約書や発注書を求める。取引先がそれに応じないなら、メールで問い合わせて回答をもらう。メールに電話で答えてきたら通話を録音するか、通話の後で内容確認のメールを送って返事をもらう。ここまでやれば、大きなトラブルは未然に回避できるでしょう。**業務委託契約書を出したがらない担当者、重要なことを電話でしか言わない担当者とは、できるだけ取引しない**のも大切なことです。

とっておいたほうがいいエビデンス

■証拠として強いもの

・契約書　・請求書　・電子メール
・発注書　・誓約書　・LINE
・見積書　・口頭、電話の録音

■証拠としてやや弱いもの

・電話の通話記録
・取引先との連絡を記録した日記、メモ
・第三者へのメール など

強い減額要請。トラブルにしたくないが、いい方法は？

フリーランスの仕事は、値段があってないようなもの。同じ仕事を続けてきたのに突然、報酬額を下げられることがあります。

プログラマーのOさんは3年間、取引先から毎月定額の報酬をもらって働いてきました。ある日、担当者から「次回の契約更新から報酬額を見直すことになりました」と言われ、これまでの半額に近い金額を提示されました。自分の仕事に問題があるのかと尋ねたら、**「そうではなくて、今は経営が苦しいので」**という返事。それは会社の都合であって、自分のせいではないのに自分が減額される……。Oさんは納得できませんでした。たとえ会社の業績が悪くても、情報システム部で働くOさんの業務量はずっと同じだからです。「せめて2割減に」とお願いしても、担当者は首を縦に振ってくれません。

Oさんのような半年ごと、1年ごとなどの**長期の委任契約では、契約期間中に報酬**

を減らすことはできません。これが契約期間中であれば、Oさんは拒否することができました。でも、Oさんに減額要請があったのは、**契約更新のタイミング**でした。そのため契約違反ではなく、会社は契約内容を変えることができるのです。Oさんが**提示された金額に納得できなければ、再契約しなくていい**ということです。

単発業務においても考え方は基本的に同じです。**契約期間中に正当な理由もなく、報酬額を下げれば契約違反**です。ただし、**新規の契約で、前回よりも報酬額が下がることはあります。**「前回の半額というのはひどい」と言っても、ずっと同じ金額で業務を委託するという約束があったわけではありません。仮に3分の1、5分の1であっても、業務がスタートする前にきちんと提示していれば問題ありません。**請ける側も、低い金額で仕事を請け負う義務はない**のです。

もちろん、特別な理由もなく大幅に減額されたら、それは**「あなたと仕事の縁が切れてもかまいません」のサイン**だと受け取っていいでしょう。前回の**半額でもその仕事を請けるかどうかは、フリーランスの側で決めていい**ということです。

取引先と機密保持契約を結ぶことに。不利にならない？

業務委託契約書に機密保持について書かれていることや、別途、機密保持契約書を提示されることがあります。「自分に不利益ではないか」「損害賠償などの原因になるのではないか」と心配する方もいるので、基本をしっかり押さえておきましょう。

機密保持契約で重要なポイントは、**機密情報の内容、使用目的、契約期間**などです。

一般的に営業機密には、**顧客リストや価格など営業活動に関わるもの、ＩＴや製造業の技術情報に関わるもの**があります。業務委託契約書に「この業務で知り得た情報」と曖昧に表現されていたら、**何が機密に該当するかを確認し、機密情報を特定**しておきましょう。**誰でも調べられる公開情報、以前から知っていた情報などは営業機密になりません。**

産業スパイみたいな意図的な機密漏洩（ろうえい）でなくても、**うっかり他の仕事に流用して目的外使用に当たるケース**もあります。**「これぐらい大丈夫だろ」「バレないだろう」の**

甘い考えは禁物です。

契約期間も見落としがちです。**業務が完了しても、機密保持契約は継続されることがほとんど**です。1年間、3年間、5年間などの契約がよく見られます。中には期限を決めず、永久に機密の場合もあります。

もし機密保持契約を破った結果、取引先の製品が売れなくなったなどの損害が出ると、**賠償請求を受けることもあります。**さらに、不正競争防止法で規定する類型の**営業機密にかかる不正競争行為**と認められた場合は、刑事責任を問われ、5年以下の懲役もしくは500万円以下の罰金を課せられる恐れもあります。

Check 機密保持契約と営業機密に関わる不正競争

■機密保持契約を結んだほうがいいケース

その業務で得た情報が他の仕事にも流用できる場合（機密情報の特定）

- ・ITエンジニアが知った技術情報
- ・営業フリーランスが知った顧客リスト、価格、原価など
- ・業務を通して知った取材先の携帯電話番号
- ・フリーライターやフリー編集者が取材で聞いたオフレコ情報
- ・文字起こし業務で知ったインタビューの内容

■営業機密に関わる不正競争の例

- ○不正な利益を得るため、または取引先に損害を与えるために、営業機密を使用または開示する。
- ○窃取や詐欺、強迫などの不正な手段で営業機密を取得する。
- ○営業機密の不正取得があったと知りながら、その営業機密を使用または開示する。重大な過失によって、不正取得を知らなかった場合も同じ。
- ○営業機密の不正開示であると知りながら、その営業機密を使用または開示する。重大な過失によって、不正開示を知らなかった場合も同じ。

取引先との雑談で話したアイデアが、勝手に使われたら？

自分が他人の著作権を侵害してクレームがくる。または、自分の著作権が侵害されていることに気づいた。そういう**知的財産権（著作権、特許権、実用新案権、意匠権、商標権など）に関わるトラブル**は、フリーランスの間でよく聞かれます。

カメラマンのPさんは、雑誌の仕事である人物を撮影し、その報酬はいつも通りの金額をちゃんと受け取りました。ところが後日、電車の中吊り広告で、その写真が大きく使われているのを発見。事前に何の連絡もなく、業務委託契約書や発注書はありません。担当者に言っても「ギャラは支払い済み」と取り合ってくれませんでした。

このケースは写真の**目的外使用**に当たるため、Pさんは広告用の**二次使用の分も報酬を受け取れます**。でも事前に取り決めがないと、話がもつれることも。

最近は、二次使用についての条項がある業務委託契約書をよく見ます。それは、雑誌や書籍の文章、写真、イラスト等が**オンライン記事で流用されるケースが増えたか**

らです。**報酬に二次使用料が含まれているか、よく確認しましょう。**同じ二次使用でも、オンライン記事と中吊り広告では報酬が異なることがあります。想定されるケースを話し合っておくのが賢明です。また、**取引先に翻案権も含めて著作権を譲渡する契約になっている場合は、二次使用料などは受け取れない**ので注意しましょう。

　文章や写真と違って、その元となる**アイデアは著作権として保護の対象となっていません。**取引先との雑談で話した企画が無断で商品化されても、アイデア料などを求めることは困難です。たとえ雑談でも**不用意にアイデアを話さないほうがいい**ですね。

フリーランスに関係する知的財産権法令

特許庁 HP 資料より作成

納品後になかなか支払ってもらえない！早めの支払いを請求できる？

仕事は完了したのに報酬が支払われないと思ったら、**事前に支払期日を確認していなかった**――ルーズな取引先との間で起こりがちなトラブルです。

映像カメラマンのQさんは、知り合いのプロデューサーに頼まれて週1回の撮影を計5回担当しました。撮影のたびに帰りはスタッフ全員でレストランに行き、食事や高級ワインをご馳走（ちそう）になりました。「ずいぶん予算がある仕事だったな」と思いつつ請求書を送ったら、「毎回の食事で予算をほとんど使ってしまった」という驚くべき返事。「みんな豪勢に飲み食いしたんだから、スタッフはみんなノーギャラで」と開き直る始末です。こんなプロデューサーですから契約書や発注書はなく、報酬の支払期日についてもひと言もありませんでした。

こうなった以上は、Qさんは根気強く請求し続けるしかありません。「予算を使い切ってすぐに払えない」と言われたら、たとえば**半年以内、1年以内など支払期限を**

新たに設定することができます。その担当者で**話が進展しなければ、取引先の社長など代表取締役に請求書を送るのも1つの手段**です。それでも支払いがなければ、**5年の時効を迎える前に裁判を起こす**しかありません。

支払期日とは別に、**納品日が明確でない場合**もあります。成果物を提出したら「受け取りました」の連絡があったけれど、その後1ヵ月も2ヵ月も連絡がなく、放置されているようなケースです。担当者に状況を尋ねても「今、次の工程に進んでいます」という返事。この仕事はいったいいつ終わって、いつ支払われるのか。

実は請負契約の場合には、**納入（納品）が契約の完了**になります。ということは、もし**提出した成果物に欠陥がなければ、その時点で納品完了**ですから、報酬の支払いに進んでもらうことになります。

しかしこの場合も、**フリーランス側はしつこく連絡を取り続ける**しか手段がありません。取引先の社長に請求書を送る、最悪の場合には裁判を起こすというのも同じです。その労力と時間を考えると、**次回から依頼を受けないという選択**が賢明かもしれません。

11 納品後に取引先が倒産した！未払いのギャラはどうなる？

取引先が倒産寸前という情報が入り、**まだ受け取っていない報酬がある**ことに気づいて大慌て──これもフリーランスには珍しくないトラブルの1つです。

倒産の危機にある取引先が、どんな手続きをとるかによって状況が変わってきます。

取引先が金融機関と相談して**任意整理した場合は、外注先であるフリーランスの債権は残ります。**取引先にお金がないなら、たとえば**「減額には応じないけれど、分割には応じる」**といった対応が考えられます。一方、**会社更生手続や民事再生手続がとられた場合**は、「すべての債権を3割カット」などの措置がとられるので、**満額を受け取ることは困難**です。また、倒産手続の場合には、税金や従業員の給与に比べて**外注費は債権の優先順位が低く、報酬の一部も受け取れないケースが少なくありません。**

イラストレーターのRさんは、ある取引先から商品パッケージのイラスト料金が振り込まれないと思っていたら、「あの会社は危ないらしい」と噂に聞きました。慌てて支払いを催促しても梨のつぶて。取引先は**倒産手続がとられ、Rさんは債権者集会に参加**し、他の外注業者と同様に1円も受け取れませんでした。債権者の1人が「役員たちは個人破産してないから、訴えて支払わせる方法もある」と話していましたが、Rさんは報酬15万円のためにそこまでやれないと諦めました。

ところが、別のイラストレーターは「あの会社は危ない」という噂をRさんより1ヵ月も前にキャッチして、取引先に押しかけて報酬を払ってもらったと、後で知りました。**「情報力の違いが明暗を分けた」**とRさんは痛感しました。

取引先の破綻に備えてやるべきこと

■取引先の担当者にそれとなく経営状況を聞く、他のフリーランスと情報交換するなど、常にアンテナを張っておく。

■経営危機の疑いがあったら、仕事を頼まれても断る。

■受け取っていない報酬があれば、強く催促する。

■どこも破綻の可能性はあると考えて、1社への依存度を高めないように日頃からリスク分散しておく。

12 こんなことで？ 著作権の侵害だと言われた！

文章、写真、イラストなどが成果物のフリーランスがトラブルを抱えやすいのが**著作権の問題**。とくに怖いのは、自分が他人の著作権を侵害したと訴えられるケースです。それが原因で**取引先に損害を与えてしまい、フリーランスが賠償することも**あります。業務委託契約書に**賠償責任について記載があるか**も確認しておきましょう。

デザイナーのSさんがデザインしたショップのロゴ。これに、C社から「うちの会社のロゴと似ている」とクレームが入りました。この場合、**ロゴデザインの独自性**が問われます。C社は似ている部分に着目して「剽窃(ひょうせつ)された」と主張しているので、そうではない部分を指摘します。さらに、ロゴを**考案したプロセス**を説明します。ショップの理念やコンセプトなどを聞きながら、オリジナルで制作したことを示します。

また、C社のロゴが**特異なデザインなのかという問題**もあります。よく似たロゴが他にいくつも存在すれば、C社のロゴを真似(まね)たという証明が難しくなります。

このように、**似ているというだけでは著作権侵害にならない事例は数多くあります。**

著作権の認識が甘い取引先から「ネットで見つけたイラストの画像を使ってください」と指示されることがあります。著作権フリーの素材ならOKですが、そうではない場合は**「この画像をコピペすると著作権侵害になりますよ」**と説明できるようにしておきましょう。

東京オリンピックのロゴが著作権の問題から変更になったのは記憶に新しいところです。**自分の成果物が他人の作品に似ていないかをチェックするくらいの慎重さ**も、トラブル予防には必要です。

Check

著作権トラブルを防ぐポイント

- ■コピペは厳禁。インターネット上の画像や文章は必ずライセンスを確認し、使用する場合は許諾をとる。
- ■文章の引用では、引用元を必ず明記する。
- ■業務委託契約書で著作権と賠償責任について確認しておく。
- ■後で説明できるように制作過程を記録する。
- ■成果物が他人の作品に似ていないかをチェックする。

13 取引先からパワハラ・セクハラされた！訴えることはできる？

プログラマーのTさん（女性）は、取引先の社内で業務を進める契約で働いていました。仕事の指示を受けるのは職場の上司（男性）。ミスをするたびに「ぼんやりすんな」「おまえは何年この仕事やってんだ！」と人格を否定するように叱責されます。また別の社員からは、仕事中に髪や肩を触られたことがありました。

でも、会社に**訴え出ると居づらくなる**ことはわかっているし、辞めようと思っても、業務委託契約書には、正当な理由がなく途中で契約を破棄するとTさんのほうが**違約金**を払うという条項がありました。

このようなケースで大切なのは、パワハラやセクハラが実際にあったことの証明です。**叱責されるときに会話を録音する。セクハラがあったときの記録を残しておく。同僚に証人になってもらう。**そのようにして、**証拠となるものを用意**しておきます。

業務委託契約を途中で破棄してその会社を辞める場合も、これらの**証拠があれば、**

違約金を請求されないでしょう。**契約を破棄する正当な理由**があるからです。業務委託契約を破棄した後、パワハラやセクハラで会社を訴えることもできます。

ハラスメント問題は、実は**雇用関係が前提**になっています。フリーランスは取引先と雇用関係にないため、労働関連法では守られません。

ただし、フリーランスでも委任契約等のため事実上、**雇用関係と同様の立場と認められる場合**は、**会社の安全配慮義務違反**を問える場合があります。また、**人格権の侵害**で訴えることが可能な場合もあります。委任契約や請負契約のフリーランスに対しても、2020年6月施行のハラスメント防止関連法の附帯決議で「必要な対策を講ずる」と明記されました。今後、法制化が進むと考えられます。

「フリーランス・芸能関係者へのハラスメント実態アンケート※」では、**回答者の約62%がパワハラ被害を受け、約37%がセクハラ被害を受けた経験がある**という結果も出ています。ハラスメントの加害者は、フリーランスの立場が弱いことを利用しています。**味方になってくれる人を見つける、ネットの相談サイトで弁護士に相談する**など、早期に対策を打つことが大切です。

※協同組合日本俳優連合、日本マスコミ文化情報労組会議（MIC）、一般社団法人プロフェショナル＆パラレルキャリア・フリーランス協会の3団体が2019年に実施。

仕事中にケガをしても補償されないの？

会社員と違って、フリーランスの多くは**労働者災害補償保険（労災保険）に加入できません。**労災保険は、仕事中のケガでは自己負担なしで治療費を全額受け取れ、そのケガで働けなくなった場合は、収入の8割を補償する休業給付があります。

実はフリーランスの中でも、漁業、林業、建設業、運送業など**「一人親方」とみなされる特定業種には労災保険への特別加入制度があります。**2021年からは、**俳優などの芸能従事者、アニメ制作従事者、整骨院などの柔道整復師も加わっています。**

それ以外のフリーランスは、仕事中にケガをした場合でも、基本的に**国民健康保険**を使って3割の自己負担で治療することになります。**自分の業種で労災保険に加入できるかどうかは調べておきましょう。**

営業フリーランスのUさんは、取引先から委託されたセールスの業務中、階段を踏み外して転倒し、足を骨折しました。医師から「数ヵ月間は自由に歩き回ることはできない」と言われ、完治するまでセールスの仕事はできなくなりました。会社員時代の感覚で「仕事中のケガだから労災だ」と考え、Uさんは「治療費と休業中の補償をもらえないか」と取引先に打診しました。**返事は「NO」**です。**社員は労災保険の対象ですが、業務委託契約のUさんは違います。**結局、国民健康保険と自己負担で治療費を払い、仕事に復帰するまで貯金を崩して生活するしかありませんでした。

労災保険に加入できないフリーランスは、**こうした場合に備えて、民間保険会社の「就業不能保険」（147ページ）に加入すること**なども検討してみましょう。

労災保険の特別加入制度がある
フリーランスの主な業種

①中小事業主など

②一人親方など

- 漁業
- 林業
- 個人タクシーや個人貨物運送
- 土木業、建築業、解体業など
- 配置薬業
- リサイクル業
- 船員
- 芸能
- アニメーション制作
- 柔道整復師

③特定作業従事者

- 特定農作業従事者
- 指定農業機械作業従事者
- 労働組合等の常勤役員
- 介護作業従事者及び家事支援従事者

④海外赴任者

納品スケジュールがかぶった！どう切り抜ける？

ある仕事の進行が遅れて、**もう1つの仕事と締切が重なってしまう**――これもフリーランスに起こりがちな状況です。

フリーライターのVさんは、3つの出版社から単行本の原稿作成を依頼され、半年先までスケジュールが埋まっていました。ところが、最初の1つで進行遅れが出た結果、全体のスケジュールがめちゃくちゃになり、最終的に3つの締切が重なってしまいました。とても、1人では対応しきれません。

最初の1つは、取引先の不手際が原因で進行が遅れたため、締切を延ばしてもらえました。残る2つは、**ライター仲間に助けてもらおう**と考えました。

この場合、ライター仲間に仕事の一部を**外注することは、取引先に伝えたほうがいい**でしょう。なお、プログラマーや士業、コンサルタントなどの業種で、専門性が高く機密保持が重要な場合には、契約書に**再委託の禁止条項**や**再委託先の制限（「有資格**

者に限る」など）があるケースがありますので、注意が必要です。

また、その仕事が**漫画やイラストなら、絵柄が変わってしまう**問題などがあり、外注が難しくなります。**現場監督や司会のように現場に出向く業務も代行は難しい**でしょう。スケジュールが重なった場合は、惜しいと思うかもしれませんが、**一方を断る**という対応が賢明です。

とくに委任契約の場合は、**やむを得ない事由があるとき**、もしくは、**発注者の許諾を得たときでなければ、外注できない**と民法で定められています（民法644条の2第1項）。「やむを得ない事由」とは、**本人が病気やケガで働けなくなった**とか、**自然災害の影響で仕事ができなくなった**などです。**「仕事の締切が重なった」は、やむを得ない事由として認められません。**

Vさんの仕事は請負契約ですが、このケースでも**取引先の許諾を得て外注したほうがいい**ということです。**取引先に隠して外注した結果、納期遅延や品質問題が起こると、別のトラブルに発展しかねません。**危機的な状況のときほど、別のリスクも充分に考えて対処しましょう。

16 子どもの急病で仕事を切り上げたら、補償を請求される？

社員とフリーランスでは、**雇用契約と業務委託契約という根本的な違い**があります。しかし、取引先の社内で業務を進めていると、**社員と同じ労働条件だと錯覚する**ことがあります。とくに毎日同じ場所に通う業務の場合には、そうなりがちです。でも「社員とは違う」のですから、**業務委託契約書は手元に置いて、いつでも確認できるように**しておきましょう。

翻訳家のWさんは、ある会社の社内文書の翻訳業務を委託され、9時に出社し、17時に会社を出る働き方で3年勤務しています。ある日の昼頃、子どもの保育園から「お子さんがすべり台から落ちてケガをした」と連絡があり、慌てて保育園へ向かおうと考えました。しかし、海外の子会社に送る書類を急いで翻訳している最中で、職場を抜けられる状況ではありません。Wさんは迷ったものの、子どものことが心配だったので、仕事を途中で切り上げて保育園に駆けつけました。書類の翻訳は、明朝までに仕上げて送れば間に合うととっさに判断したのです。保育園に着くと、幸い子どものケガは大したことはありませんでした。

ただ、業務時間中に**職場を抜けたのは契約違反**だから、最悪の場合、補償を請求されるなどの**ペナルティ**が課せられるだろうと後になって覚悟しました。両親やご近所さんを頼る方法もあったことに気づいたのです。

Wさんの行動は、おそらく**契約違反（債務不履行）にはなりません**。業務委託契約の場合、**9時から17時まで働くなどの所定労働時間を定めない**のが一般的です。時間に拘束される働き方は、雇用契約など別の契約になります。

Wさんがとっさに判断したように、納期までにその翻訳業務が終わっていれば問題ありません。仮に**「1日に8時間働く」という契約であっても、9時から17時までとは限らない**ということです。契約違反にならないでしょう。

ただし、急な離脱は職場に迷惑をかけることが多いものです。仕事の指示を出す上長などに必ず事情を話して、**許可をとってから仕事を切り上げたほうがいい**でしょう。報・連・相は社会人の常識です。

トラブルの相談は誰にすればいい？

仕事上のトラブルは、法律の知識があれば回避できるものが少なくありません。フリーランスは、業務委託契約などの法的な契約の上で仕事を請け負っているからです。

トラブル回避の基本は、**業務委託契約書や発注書を受注時に作成し、取引先と具体的な内容を合意しておく**こと。いい加減な担当者には、こちらから契約書の作成などを要求しなくてはいけません。契約のやりとりをする中で、**先々に起こる業務上のトラブルを想定しておく**ことは、お互いにメリットがあります。多少の面倒があっても、**トラブルが起こった後に費やす時間と労力を考えれば、はるかに経済的**です。

トラブルが発生したら、専門家に相談するのが解決の近道です。**「このトラブルは法律ではどう解決できるのか」という視点は重要**です。今はネットなどにも相談窓口がいくつもあります。**「仕事のトラブルで困ったら法律相談」は基本**と考えて、気軽に相談しましょう。専門家の意見から、問題解決の突破口が開けることもあります。

■経済産業省「適正取引支援サイト」

http://tekitorisupport.go.jp/

中小企業・小規模事業者、個人事業主・フリーランスを対象に、下請取引に関する講習会やｅラーニングコンテンツなどを提供している。

■厚生労働省「総合労働相談コーナー」

https://www.mhlw.go.jp/general/seido/chihou/kaiketu/soudan.html

各都道府県労働局、全国の労働基準監督署内などの379ヵ所に設置。仕事のトラブルに関する相談や、解決のための情報提供をワンストップで行っている。HPに各自治体ごとの連絡先が掲載されている。

■全国中小企業振興機関協会「下請かけこみ寺」

https://www.zenkyo.or.jp/kakekomi/

0120-418-618

中小企業・小規模事業者の取引上の悩み相談を広く受け付けている。

■日本司法支援センター 法テラス

https://www.houterasu.or.jp/

☎ 0570-078374

国による法律支援窓口。全国どこでも利用できるが、無料相談には収入制限がある。

3章のチェックポイント

□ **追加作業や短納期は料金などを相談する**

聞いていた話と違う場合には、追加料金などを契約書に追記するか、せめてメールでやりとりしておく。

□ **中止になった業務の報酬も請求できる**

仕事の発注は契約とみなされる。こちらに契約違反がなければ、完成部分の割合に応じた報酬を請求できる。

□ **口頭や電話でも契約は成立する**

なるべく証拠を残すことが大切。契約書や発注書、メールやLINEのやりとりなど。電話なら録音しておくか、通話の後で内容確認メールを送る。

□ **パワハラ・セクハラは証拠を残す**

パワハラやセクハラがあれば、契約を途中で切っても違約金を請求されない。雇用関係が認められれば会社の安全配慮義務違反を問える場合も。

□ **労災保険はない**

一部の特定業種は労災に加入できるが、それ以外のフリーランスは仕事中のケガなどの治療費は国民健康保険と自己負担。

4章

会社員よりも得したい！確定申告と税金のポイント

Youtuber ねこ美

確定申告って何？

毎年3月が近づくと自営業者やフリーランスがそわそわするイベント、それが確定申告です。1年間（前年の1月1日から12月31日）の**収入から自分の「所得」を計算し、その金額に基づいて所得税額を確定する手続き**のことです。所得とは、収入から必要経費を差し引いた額のこと。そこからさらに所得控除を差し引いた額（課税所得金額）と、あらかじめ決まっている税率の計算で所得税額が決まります。

所得税は、**働いて収入を得ている人なら誰でも払わなければならない税金**です。納税者一人ひとりが税法を理解し、自分が支払う所得税額を計算して、必要に応じて納税するのがこの国のルール（申告納税制度）なので、たとえ計算が苦手でも、息をつく暇がないほど忙しくても、決められた期間内に確定申告をしなければなりません。

もしも確定申告をサボったことが税務署にバレると、厳しい調査を受けて所得税を請求される上に、**加算税といわれるペナルティ**を払わなければなりません。架空の経費を計上して、本来払うべき税額よりも低めに所得税を申告した場合も同じく、調査を受けて、加算税を払わなければならなくなる場合があります。

ちなみに、会社員は会社が申告・納税してくれるので、基本的に確定申告をする必要はありません（年収2000万円を超える人や副収入がある人などは確定申告が必要）。そう言うと、ついこの前まで会社勤めだったというフリーランスから「独立は失敗だった!?」と後悔の声が聞こえてきそうですが、けっしてそんなことはありません。

仕事のために支払ったさまざまなお金を必要経費として計上して、課税対象となる所得金額をできるだけ小さくするなど、**節税ではフリーランスのほうが断然優位**です。

フリーランスは確定申告によって、**報酬から引かれていた税金（源泉徴収税額）の一部を還付（返還）してもらえることが多い**のです。**収入も支出も多かった年は還付額も大きくなる**ので、張り切って申告しましょう。また、「会社を辞めて7月から個人事業を開始したけれど、12月までの収支は赤字だった」という場合も、同じく還付額が大きくなると考えられるので、「売上もほとんどなかったから……」と消極的にならないで、しっかり申告してください。

青色申告と白色申告、どちらを選べばいいの？

フリーランスが確定申告する場合、**青色申告か、白色申告か、いずれかの方式を選ぶ**ことになります。２つの違いをひと言で言えば、**「複式簿記に基づく申告かどうか」**です。複式簿記とは、帳簿の付け方の１つで、企業の経理では複式簿記を用いることが基本になっています。

そして、企業同様に**複式簿記による会計管理をすることを求められるのが青色申告**です。一方、**簡単な帳簿でよいとされているのが白色申告**です。

複式簿記による帳簿作成は面倒ですが、その**マイナスを補って余りあるメリットが青色申告にはあります。**まずは55万円の青色申告特別控除を受けることができ、その分、支払う所得税が減ります。また、白色申告の場合、10万円以上で購入した備品は、その全額を経費に計上できず、定められた計算方法で減価償却処理しなければなりません。しかし青色申告の場合、購入金額30万円未満なら全額を経費に計上できます

（少額減価償却資産の特例）。さらに、その他にも多数のメリットがあります（下図）。フリーランスとして長く続けていきたい、できることなら事業を拡大していきたい、という場合は、**青色申告を選ぶことをオススメ**します。

帳簿や経理に不安があるなら、まず最寄りの**青色申告会で相談**しましょう。他にも、**申告手続きを税理士に依頼する**という方法があります。それなりに費用はかかりますが、より多くの還付を受けられる可能性があり、申告作業の負担も軽減されると考えれば、費用をかけるだけのメリットがあると言えます。

青色申告と白色申告の違い

	青色申告	白色申告
帳簿の作成	正規の簿記に基づく帳簿と、その帳簿に基づいて貸借対照表と損益計算書を作成しなければならない。	取引を細かく記録せずに、日ごとにまとめて記録するなど簡単な方法で作成した帳簿でいい。
帳簿類の保管義務	7年間。請求書や納品書、見積書などの書類の保管は5年間。	収入金額や経費を記載した帳簿は7年間、その他取引に関わる書類を5年間保存しておく。
専従者控除	一定の要件のもと、青色事業専従者に支払った給料を経費に計上できる。	事業専従者に支払った給料を経費に計上できない（所得などによって計算される一定額が控除として認められる）。
赤字の繰り越し	赤字を3年間にわたり繰り越せる。	赤字を繰り越せない。

確定申告はe-Taxでやるほうがいいの？

e-Taxは2004年にスタートした**「電子申告・納税サービス」**です。それまで申告書類を書面で作成して税務署の窓口に提出したり、郵送しなければなりませんでしたが、e-Taxの登場で**確定申告を自宅や事務所でできる**ようになりました。

確定申告だけでなく、消費税や贈与税、印紙税、酒税などもe-Taxで申告できます。また、インターネットバンキングやクレジットカード、税金や公共料金の支払いサービス「Pay-easy（ペイジー）」を利用すれば、**自宅にいながら納税も可能**です。それに加えて青色申告なら、書面による申告よりも**青色申告特別控除が10万円プラス**になります。**55万円の青色申告特別控除が65万円になる**のは大きな魅力です。なお、e-Taxでは申告内容が確認できる控えは発行されません。住宅ローンの申し込みや保育園の申し込みなどで**確定申告の控えを求められたとき**は、e-Taxにログインして、**メッセージボックスから「受信通知」と「申告データ」を開いてプリントアウト**しましょう。

e-Tax申告の準備

■用意するもの

○マイナンバーカード
○マイナンバーカード取得時に登録したパスワード
○ICカードリーダーライター
（マイナンバーカード読み取りに対応したスマートフォンでも手続き可能）

■進め方

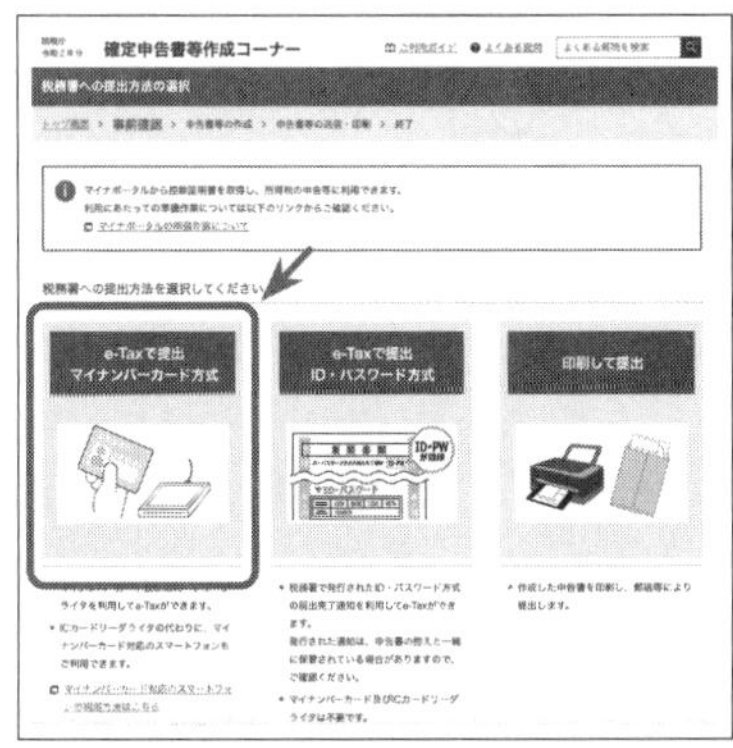

❶「国税庁 確定申告書等作成コーナー」にアクセスして「作成開始」ボタンをクリック。「e-Taxで提出」「マイナンバーカード方式」をクリック。

❷次の画面にある指示に従い、マイナンバーカードを利用するために事前セットアップを行う。

❸事前セットアップ終了後に表示される「マイナンバーカード方式の利用開始」画面で「利用者情報の登録へ」をクリックして、利用者識別番号を取得。

❹再び「マイナンバーカード方式の利用開始」画面が表示されるので、「利用者識別番号をお持ちの方」の欄に必要事項を入力し、マイナンバーカードと利用者識別番号の関連づけをする手続きをする。

これで準備完了です。再び「国税庁 確定申告書等作成コーナー」にアクセスして、申告手続きを進めてください。

※ここで紹介した以外の手続き方法もあります。

税理士に依頼しないと損することはある？

確定申告は申告する内容が大事です。たとえば受けられるはずの控除を申告しなければ、本来の税額よりも支払う所得税額は高くなります。反対に、本当は認められない経費を計上してしまうと、支払う所得税額は本来の税額よりも低くなります。どちらの場合も修正申告が必要になりますが、**そもそも誤りに気づかなければ、修正申告が必要なこともわからないまま。**「それなら、そのままでいいんじゃない？」というのはＮＧです。申告漏れや過少申告があるとき、**「知らなかったのだからしょうがない」と主張しても税務署には通じない**からです。万が一、税務調査を受けることになると、過去7年間にさかのぼって調査され、差額を支払うことになるのはもちろん、**さまざまな加算税や延滞税を請求される可能性**があります。

そのような事態を招かないためにも、税の知識に不安がある人や、忙しくて経理まで手が回らないという人は、税理士に相談することを検討してください。

報酬は税理士によってさまざまです。いくらが適正かは一概に言えませんが、仮に申告作業の料金が10万円だとして、依頼するメリットは充分にあると言えます。**申告を代行してもらって捻出した時間を使って15万円稼げる**のなら、依頼するメリットは充分にあると言えます。**苦手な経理から離れることができる**のもメリットだと言えます。

自分では気づかなかった経費を計上したり、控除を申請することで多くの還付金を得られる場合もあります。フリーのＷｅｂデザイナーのＸさんは、税理士に申告手続きを依頼したところ、「3年前に購入したマンションの固定資産税の一部も経費にできる」と教えてもらい、「結構な節税になったよ」と喜んでいました。

このように**思いがけない金銭メリット**を得られることもあります。もちろんそれも重要ですが、さらに、税理士に依頼すれば、**適正な税務処理をした上に、税務署や金融機関の信頼を得られる**メリットもあります。確定申告書に税理士の署名捺印があることが大きな意味を持つのです。

これから事業を大きくしていきたいというなら、税理士への依頼を検討する価値は大きいでしょう。

確定申告書Aの書き方

確定申告書には**A、Bという2種類の申告書**があります。使い分けのポイントは、**「前年1年間にどんな所得があったか」**です。会社から給料をもらっている人や、公的年金、雑所得、株式配当などの所得があった人が選ぶのが、確定申告書Aです。**フリーランスが確定申告する場合、基本的に確定申告書B**を選びます。**例外は、会社に勤めていて給料をもらいながら、たまにフリーランスとして活動している人**です。その仕事が小規模で、**あくまで本業は会社員という場合は確定申告書A**を選びます。

「3月いっぱいで退職して、4月からフリーランスとして独立した」という人は、フリーランスとして事業を営んでいくということでしょうから、確定申告書Bを選んで申告しましょう。確定申告書Bは、収入の種類にかかわらず、**誰でも使える**確定申告書です。自分がAとBのどちらに当てはまるのか**わからない場合は、確定申告書Bを選ぶ**と間違いありません。

Check

確定申告書Aの書き方（見本）

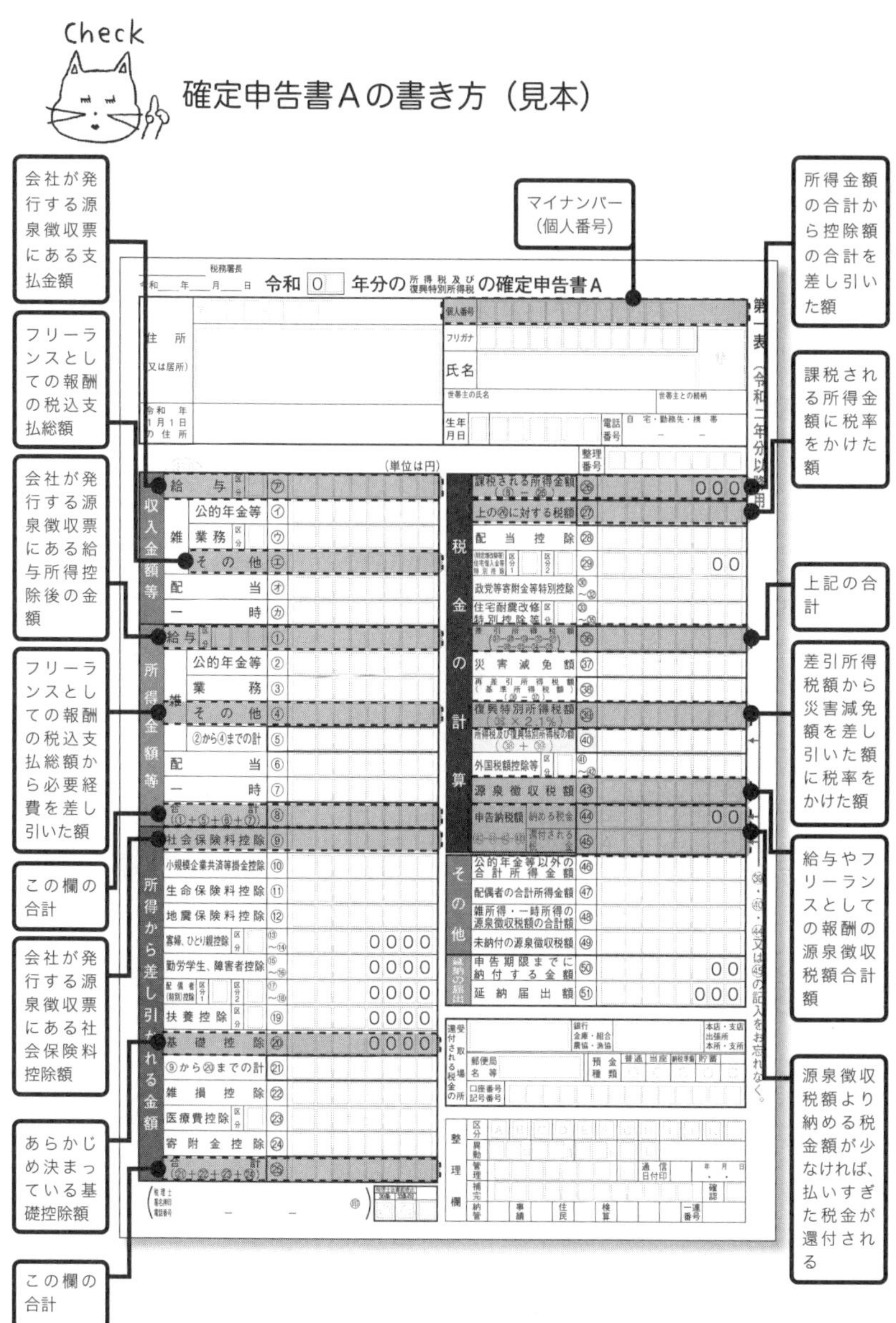

確定申告書Bの書き方

確定申告書Bは「前年1年間にどんな所得があったか」にかかわらず、誰でも使用できます。**確定申告書Aよりも幅広い立場の人の申告に対応**しているので、記入欄は確定申告書Aよりも細かくなっています。

フリーランスが確定申告する場合、会社員あるいはアルバイトと個人事業とのダブルワークではなく、**フリーランスとしての仕事だけで生計を立てているのであれば迷わず確定申告書B**を選びましょう。こちらには事業所得・不動産所得などの記入欄があるからです。また、**青色申告をする場合も確定申告書Bを選択します。**会社勤めをして給料をもらいながら、たまにフリーランスとして活動している場合でも、青色申告を選ぶと確定申告書Aは使えず、確定申告書Bで申告することになります。他にも、**株式や土地を売買して所得を得た場合**や、**所得が赤字だった場合**も確定申告書Bを選ぶことになります。

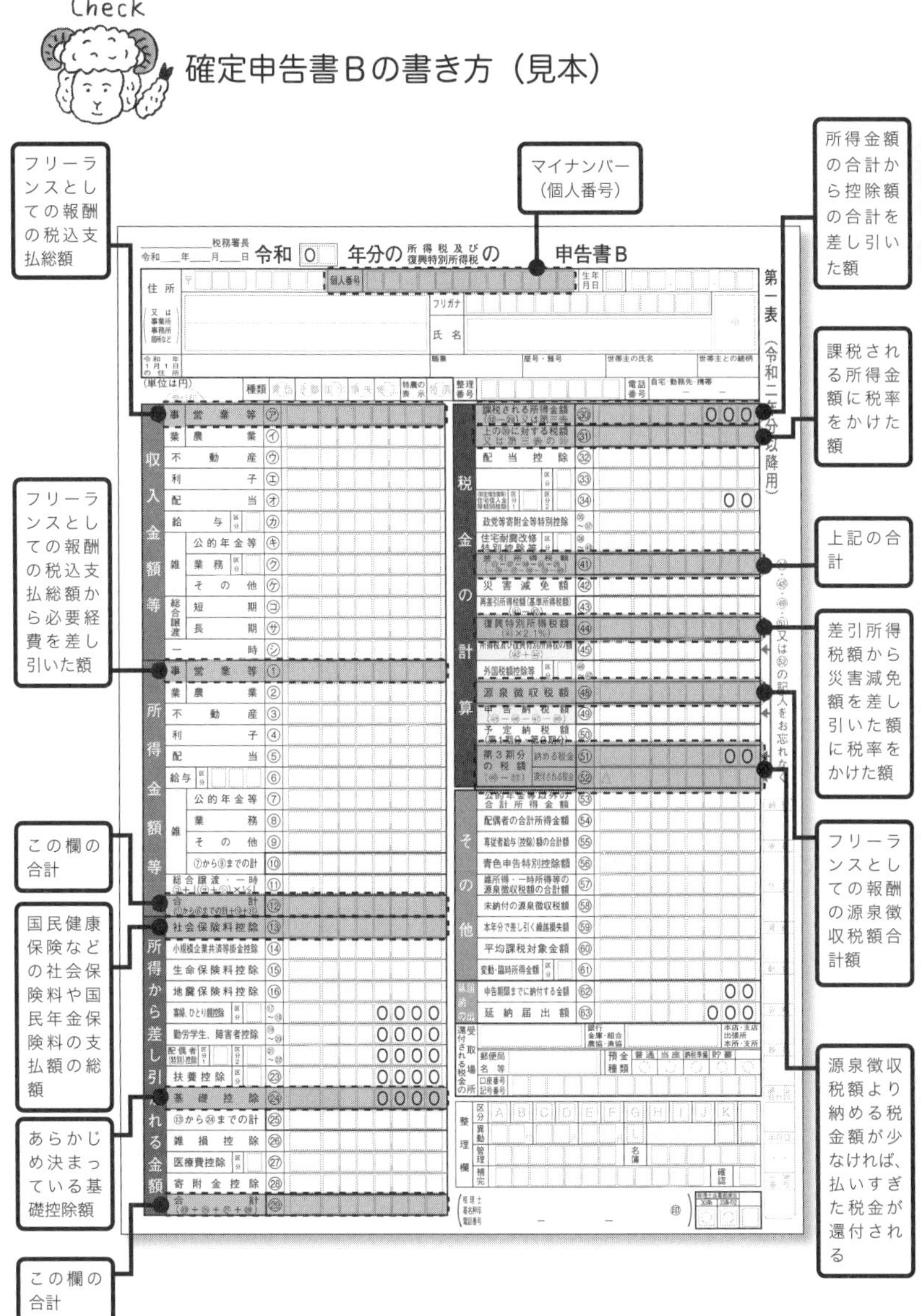
Check
確定申告書Bの書き方（見本）
フリーランスとしての報酬の税込支払総額
マイナンバー（個人番号）
所得金額の合計から控除額の合計を差し引いた額
課税される所得金額に税率をかけた額
フリーランスとしての報酬の税込支払総額から必要経費を差し引いた額
上記の合計
差引所得税額から災害減免額を差し引いた額に税率をかけた額
この欄の合計
フリーランスとしての報酬の源泉徴収税額合計額
国民健康保険などの社会保険料や国民年金保険料の支払額の総額
あらかじめ決まっている基礎控除額
源泉徴収税額より納める税金額が少なければ、払いすぎた税金が還付される
この欄の合計

会計ソフトは使ったほうがいい？ オススメのソフトはある？

青色申告をしよう！　と思い立っても、複式簿記は複雑怪奇で面倒。そんな経理業務を効率化してくれるのが会計ソフトです。**銀行通帳やクレジットカードの利用明細を取り込んだり、領収証やレシートをスマートフォンで撮影するだけで自動入力してくれたり、自動で仕訳して仕訳帳を作成してくれたり。**ついつい後回しにしがちな経理業務の負担を大幅に軽減できるソフトがいくつかあります。

でも、会計ソフトを導入するには、それなりの費用がかかります。パソコンにインストールして使用する**「スタンドアロン型」**や、オンラインで使用する**「クラウド型」**など種類もさまざまで、それぞれに特色があります（左ページを参照）。**「どの機能を使いたいか」「費用対効果は高いか」**といったポイントで見比べながら、じっくりと導入を検討しましょう。ちなみに税理士・萩口先生の〝推し〟は、明細取得や仕訳などデータ連携がスムーズでリーズナブルなマネーフォワードだそうです。

Check 代表的な会計ソフトとその特徴

（価格はすべて税抜、2021 年 3 月現在）

	タイプ	使用料	モバイル対応	対応 OS	機能
弥生会計オンライン	クラウド型	年額使用料 セルフプラン 26,000 円 ベーシックプラン 30,000 円	○	Windows Mac	明細自動取得 自動仕訳 経営分析 集計表 決算書作成
	https://www.yayoi-kk.co.jp/				
会計freee	クラウド型	年額使用料 スターター 11,760 円（980 円 / 月） スタンダード 23,760 円（1,980 円 / 月） プレミアム 39,800 円（3,316 円 / 月）	○	Windows Mac	明細自動取得 決算書作成 経営レポート
	https://corp.freee.co.jp/				
マネーフォワード	クラウド型	年額使用料 パーソナルミニ 9,600 円（800 円 / 月） パーソナル 11,760 円（980 円 / 月） パーソナルプラス 35,760 円（2,980 円 / 月）	○	Windows Mac	明細自動取得 自動仕訳 決算書作成 会計レポート
	https://corp.moneyforward.com/				
弥生会計21スタンダード	スタンド アロン型	標準価格 44,000 円（セルフプラン およびベーシックプラン） 53,500 円（トータルプラン）	×	Windows	明細自動取得 自動仕訳 経営分析 集計表 決算書作成
	https://www.yayoi-kk.co.jp/				

どんな経費が認められるの？認められない経費ってあるの？

会社では月に一度くらい経費精算をしますが、**フリーランスの経費精算のタイミングは確定申告**です。**稼ぐために使ったさまざまな費用**を必要経費として計上するのです。自宅（賃貸住宅）を事務所代わりにしていたら、**家賃や水道光熱費の一部も経費計上できます！** 会社員は家賃などを経費にできませんよね。これはフリーランスならではの特権です。ただし、家賃や水道光熱費の全額を必要経費とすることはできません。仕事に使用している割合をはっきりさせて、その分を計上するのです。**家賃は仕事場の面積、水道光熱費は仕事時間など**で割合を出しましょう。**「説明できる根拠」があり、税務署がそれを認めれば経費**となります。

モノやサービスの代金は、**事業に関係しているか、売上の向上に貢献しているか**が問われます。たとえばフリーランスのプログラマーなら炊飯器や冷蔵庫を経費にできませんが、料理研究家が事業のために使うのであれば経費にできます。なお、生活に関係する費用は必要経費にならないことがほとんどです。たとえば仕事の合間に１人で食べたランチ代は「仕事をしなくても食べたはず」と考えられ、経費には認められません。

また、**確定申告の対象となる1年間に購入したモノやサービスの代金であること**も条件の１つです。前年12月31日までに購入したモノやサービスなら支払いが済んでいなくてもＯＫです。カードで購入した場合、12月中の明細に購入記録が記されていれば、**決済がまだでも経費として認められます。**

一方、支払いは前年でも、購入が前々年なら経費にならないので注意しましょう。

こんなものも必要経費になる!?

■業務のために借りたお金の利息

■業務用に使っているモノを修理したり、取り壊して廃棄したりする場合の費用

■事業税（全額必要経費）

■固定資産税（業務用の部分に限る）

■ガソリン代（業務用の部分に限る）

領収証の宛名は「上」でもいいの？

確定申告というと「領収証を集めろ」と先輩フリーランスに言われます。領収証は経費の裏づけとなるからです。とはいっても、ただ領収証をもらうだけではダメ。**1年間分、手元に保管しておく必要があります。**青色申告の場合、申告に関係する書類すべてを7年間、白色申告の場合は帳簿を7年間、その他の書類を5年間保管しておくルールです。領収証も対象なので、保管期間は5～7年間ということになります。

それに加え、領収証の形式も重要です。経費計上するモノやサービスについて、**「いつ」「どこで」「誰が」「何を」購入したかを証明する**のが領収証ですから、**宛名、日付、店名、社印、但し書き（「お品代」ではなく買ったものを記入してもらう必要アリ）**のすべてが明記されているのがベストです。

いずれかの情報が欠けていても領収証として認められることはありますが、**税務調査で問題なく認められるのはベストな形式の領収証**です。税務調査では、「いつ」「どこで」「誰が」「何を」購入したのかを示せない領収証は認めてもらえない場合がありますから、領収証をもらうときは、必要な情報がすべて記載されたものを作成してもらうように店側に依頼するべきです。「宛名は上様でよろしいでしょうか」と尋ねられた場合、フリーランスなら**自分の名前や屋号を宛名に書いてもらいましょう。**

もう1つ気をつけたいのは、保存期間が5~7年間ということです。必要な情報がかすれて消えないように密閉性の高いケースにしまうなど配慮が必要です。ちなみに**領収証をスキャンして、そのデータをパソコンに保存しておくこともできます**（データ保存に関しても厳格な条件がありますが、2020年の税制改正で見直され、手続きが緩和されることになっています）。

その他、必要に応じて領収証に情報を書き込むというテクニックも覚えておいてください。たとえば複数人で会食をしたときに割り勘で支払った代金を経費として計上したいときは、**領収証に割り勘の金額とともに、集まりの目的が事業に関連していることや同行者の名前を書き込んでおく**と、経費として計上できる場合があります。

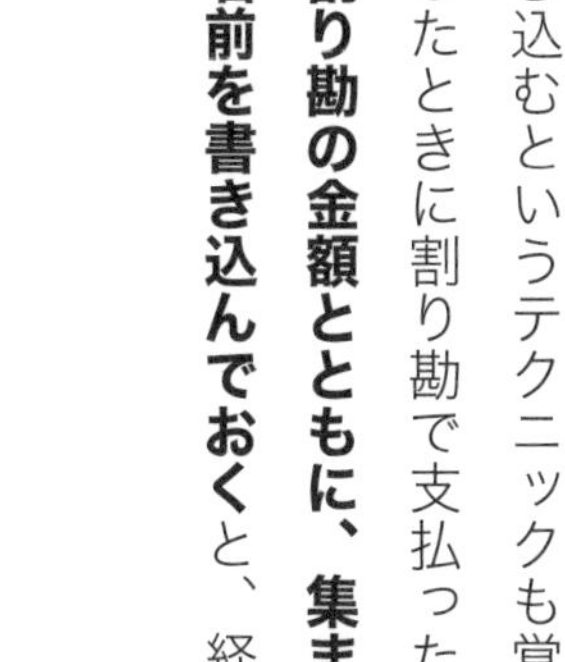

「○○税」は経費にできる？

国民が必ず払わなければならない税金。これだって所得の中から払うのだから、経費にしてくれたっていいじゃない？　そう思いませんか？　実は税金や公的費用の中にも経費計上できるものがあるのです。１年間に支払った税金や公的な費用を、ぜひ見直してみましょう。事業に関係する支出なら経費に計上できる場合があります。

まず、**契約書や領収証に貼るために購入した印紙代**。さらに、仕事で自動車を使っている場合には**自動車税や軽自動車税**。事業所を構えている場合は**事業所税**などが経費になります。ただし、**「経費になるのは事業に関わりのある部分だけ」**というのが基本ルール。フリーランスの場合、建物や自動車を生活と仕事の両方で使用していることもあるでしょう。その場合は**「事業に使っている部分」**を明確にする必要があります。その割合に応じて税金を案分し、経費として計上します。

その他、**個人事業税**も経費にできます。個人事業税とは、個人で営む事業にかけられる税金です。**幅広い事業が個人事業税の課税対象ですが、控除額が年間290万円**なので、事業所得が290万円以下なら課されません。また、**不動産取得税**や**固定資産税**も、事業のために所有している不動産であれば計上できます。不動産を自宅と兼用している場合、事業に使っている割合に応じて按分します。その他、**住民票など公的書類の発行手数料も経費になる**ので知っておいてください。

一方、高額になりがちな住民税ですが、残念ながら経費に計上できません。それは、住民税は事業ではなく、その自治体に住所を置く個人にかかる税金だからです。

経費計上できる税金や公的な出費

- ■事業税
- ■事業所税
- ■不動産取得税
- ■固定資産税
- ■自動車税
- ■軽自動車税
- ■自動車取得税
- ■自動車重量税
- ■印紙税
- ■消費税
- ■住民票など公的書類の発行手数料

11 知り合いに手伝ってもらってギャラを支払った。経費にできる？

大型の案件を受注できた！　フリーランスにとっては嬉しい瞬間です。しかし、納期を聞いてビックリ。2週間しかありません。誰かに手伝ってもらうしかないと、Yさんは知人のZさんに仕事をお願いしました。無事に納品し、受け取ったギャラの一部をZさんに払うときにYさんは思いました。これは経費にできるの？

大丈夫です。経費になります。一般的に**「外注費」「外注工賃」「業務委託費」**と言います。税理士や弁護士など専門性の高い人に依頼した場合は**「支払手数料」**です。

ここで問題になるのが「源泉所得税」です。これは、報酬に応じた所得税・復興特別所得税をYさん側で差し引き、Zさんに代わって税金を納める制度です。もし、Yさんが**誰も雇わずたった1人で仕事をしている個人事業主ならば、Zさんのギャラから源泉徴収税を引く必要はありません。**そのまま渡せばいいだけです。しかし、もしYさんが**個人事業主でも誰かを雇い給与を支払っている**か、あるいは法人ならば**「源**

泉徴収義務者」となり、**源泉所得税を引いた額をZさんに支払います。**個人から法人に移行した場合は忘れがちなので注意しましょう。源泉所得税がない場合、10万円をZさんに支払うと、Yさんの確定申告では借方勘定に「外注費10万円」、貸方勘定には「普通預金10万円」と記載します。一方、源泉所得税がある場合、**現在の税率は10・21%**なので1万210円が税額となります。Zさんには8万9790円を支払い、借方は「外注費10万円」、貸方は「普通預金8万9790円　預り金1万210円」となります。これだけでなく、**個人に支払うときも消費税を上乗せする**必要があります。

源泉徴収義務者とは？

■源泉徴収義務者になる場合

- 法人である
- 正社員、アルバイト、パートタイムなど従業員を雇用し、給与を支払っている

■源泉徴収義務者にならない場合

- 誰も雇わず１人で事業を行っている
- 雇用はしているが、常時２人以下のお手伝いさんなど家事使用者のみ

12 節税は問題ない？ どんなときに脱税となるの？

確定申告をすると、税金には敏感になります。会社員時代には思ってもみなかったほど**税金って大変**だなと感じるでしょう。だからといって脱税はいけません。**脱税とは納税額が低くなるように意図的に取引や会計処理を行うこと。**発覚すれば附帯税（加算税、延滞税、利子税）の支払いはもちろん、**悪質ならば刑事罰**もあります。

脱税といっても意図的な所得隠しではなく、**うっかりした「申告漏れ」はフリーランスでは起こりがち。過少計上**と**過大計上**が中心です。たとえば仕事用口座と家庭用口座を分けていて、間違って家庭用口座に入金されたものを申告し忘れたとか、経費の処理をいい加減にして認められない経費も計上したというケースが考えられます。**過少申告の場合、新たに納付すべき税金に対して10％または15％の追徴課税**がなされます。課税されたら即座に一括で支払わなければなりません。

一方、**節税は合法的な税金の軽減行為**です。所得税は売上から経費を引いた利益に税率をかけたものですから、**きちんと領収証をもらい、経費を計上することが一番の節税対策**になります。もう1つ重要なのが**「所得控除」**です。所得控除とは決められた項目の金額を利益（＝所得）から差し引くことができる制度で、**所得が減れば当然、税額も減ります。**控除は確定申告をしないと認められないので、**フリーランスにとっては青色申告をすることが最大の節税対策**になります。**青色申告特別控除だけで最大65万円の控除**が受けられるからです。

所得控除は下表にあるように、全部で15種類あります。自分が対象になりそうな控除を知った上で確定申告に臨みましょう。

15 種類の所得控除

基礎控除	48 万円が控除（所得が 2,500 万円超だと 0 円）
雑損控除	災害や盗難などの被害にあった場合
医療費控除	年間で 10 万円以上の医療費があれば超えた部分を控除
社会保険料控除	国民健康保険料、国民年金保険料などの支払額
小規模企業共済等掛金控除	小規模企業共済、個人型確定拠出年金（iDeCo）の掛金
生命保険料控除	生命保険、個人年金などの保険料
地震保険料控除	地震保険料（火災保険は適用外）
障害者控除	本人、配偶者、扶養親族が障害者の場合
寄附金控除	国や地方公共団体、認定 NPO 法人への寄附やふるさと納税
寡婦（寡夫）控除	配偶者と離婚または死別した場合
勤労学生控除	本人が勤労学生の場合
配偶者控除	所得が一定以下の配偶者がいる場合
配偶者特別控除	配偶者控除の対象外で要件を満たす場合
扶養控除	子どもなど扶養親族がいる場合
ひとり親控除	納税者がひとり親の場合一定の条件下で 35 万円が控除

13 医療費、生命保険……控除になるものって何がある?

15種類の所得控除の中でも、**多くのフリーランスに関わるのが医療費控除**です。期間は1月1日から12月31日までで、**自分だけでなく配偶者や子どもなど、同じ家計で暮らす**（生計を一にする）**親族を含めた医療費**が10万円を超えた分は控除されます。**治療や療養のために支払った診療費、医薬品の購入費**も計算に入れていいのです。**市販の医薬品もOK。妊娠したら診察代や出産費用**も対象です。**医療機関やドラッグストアで支払うときは必ず領収証をもらいましょう。**ただし、人間ドック（異常所見が見つかった場合は対象）や定期的な歯の検診、ビタミン薬などは対象外です。

所得が200万円以上なら、支払った医療費から10万円を引いた残額が控除額となります。他に生命保険などで支給された給付金があれば、それも引きます。所得が200万円未満なら、所得の5％を超える医療費が控除額です。とっておいた**領収証を見ながら「医療費控除の明細書」**（**国税庁のひな形あり**）**を作成**し、申告書に添付しましょう。健康保険組合などがくれる**「医療費通知」も明細書の代わり**になります。

また、社会保険の控除も忘れずに。**国民年金や国民健康保険、介護保険などの保険料は全額控除**になります。同じ家計で暮らす親族の社会保険料を支払った場合も、計上できます。**国民年金は11月上旬頃に控除証明書が送られてくる**ので、確定申告時に添付します。国民健康保険なら年初めに届く、**支払証明書**です。生命保険料は**保険の種類ごとに4万円ずつ**（2012年契約以降）、**最大12万円まで**控除されます。**保険会社から控除証明書が送られてくる**ので、申告書に添付しましょう。

Check 医療費控除の明細書

年分　医療費控除の明細書【内訳書】

※この控除を受ける方は、セルフメディケーション税制は受けられません。

住所　　　　　　　　　　氏名

1 医療費通知に記載された事項

医療費通知(※)を添付する場合、右記の(1)～(3)を記入します。

※医療保険者等が発行する医療費の額等を通知する書類で、次の6項目が記載されたものをいいます。
（例：健康保険組合等が発行する「医療費のお知らせ」）
①被保険者等の氏名、②療養を受けた年月、③療養を受けた者、④療養を受けた病院・診療所・薬局等の名称、⑤被保険者等が支払った医療費の額、⑥保険者等の名称

(1) 医療費通知に記載された医療費の額	(2) (1)のうちその年中に実際に支払った医療費の額	(3) (2)のうち生命保険や社会保険などで補てんされる金額
円	㋐ 円	㋑ 円

2 医療費（上記1以外）の明細　「領収書1枚」ごとではなく、「医療を受けた方」・「病院等」ごとにまとめて記入できます。

(1) 医療を受けた方の氏名	(2) 病院・薬局などの支払先の名称	(3) 医療費の区分	(4) 支払った医療費の額	(5) (4)のうち生命保険や社会保険などで補てんされる金額
		□診療・治療 □介護保険サービス □医薬品購入 □その他の医療費	円	円
		□診療・治療 □介護保険サービス □医薬品購入 □その他の医療費		
		□診療・治療 □介護保険サービス □医薬品購入 □その他の医療費		
		□診療・治療 □介護保険サービス □医薬品購入 □その他の医療費		
		□診療・治療 □介護保険サービス □医薬品購入 □その他の医療費		
		□診療・治療 □介護保険サービス		

この明細書は、申告書と一緒に提出してく

国税庁HPより

ふるさと納税って、フリーランスでも意味があるの？

ここ数年、何かと話題の**ふるさと納税も、寄附金控除の1つ**として活用できます。ふるさと納税とは自治体への寄附のこと。生まれ育った故郷など応援したい自治体に寄附すると**返礼品がもらえて、さらに所得税と住民税から控除される**という、まさに一石二鳥の仕組みです。寄附額から2000円を引いた全額が控除の対象ですが、**収入によって限度額**が決まっています。**所得税はその年の分から、住民税は翌年度から**控除されます。

ふるさと納税の控除限度額は専門サイトなどでシミュレーションもできますが、ここではフリーランスのための基本的な計算方法をお教えしましょう。自治体から送られてくる**「住民税決定通知書」**を見て、**課税される所得金額を確認**します。次に**住民税の所得割額**を算出します。これは課税所得金額に10％をかけるだけです。その上で、左ページの表を見てください。課税所得金額が400万円なら、住民税所得割額は

40万円です。これに28・744%をかけて、2000円を足せばいいのです。つまり、40万円×0・28744+2000=11万6976円となります。これはあくまでも目安の金額ですが、おおよそ総額で11万5000円程度までなら、**複数の自治体に寄附しても所得税と住民税の控除で相殺される**ということです。ただし、住民税決定通知書に記載されている住民税は前年度の所得に対するものなので、正確には今年の見込み所得金額がベースとなります。

寄附した後は**自治体から「寄附金受領証明書」が送られてくる**ので、これを忘れずに確定申告書に添付しましょう。

ふるさと納税の控除限度額の計算表

課税所得金額（所得税）	寄附可能上限額				
〜195万円以下	住民税所得割額	×	23.559%	+	2,000円
195万円超〜330万円以下		×	25.066%	+	2,000円
330万円超〜695万円以下		×	28.744%	+	2,000円
695万円超〜900万円以下		×	30.068%	+	2,000円
900万円超〜1,800万円以下		×	35.520%	+	2,000円
1,800万円超〜4,000万円以下		×	40.683%	+	2,000円
4,000万円超〜		×	45.398%	+	2,000円

売上がいくらくらいになったら法人化したほうがいい？

フリーランスになって何年か経ち、売上が多くなってくると、税理士から「そろそろ法人化したほうがいいのでは？」と言われることがあります。一般的には売上から経費を引いた利益、いわゆる**所得が600～800万円を超えたら検討するとよい**とされています。というのも、**個人の所得税は「累進課税」**といって所得が高くなるにつれて税率も高くなる仕組みで、その税率は5～45％と非常に幅があります。法人の所得にかかる「法人税実効税率」は地域によりますが、だいたい22～34％。両者を比較して、法人にしたほうが税金が安くなるのがだいたいこのあたりというわけです。

また、**法人化すると「役員報酬」を「損金」（法人税制上の「経費」のこと）にできます**。仮に売上が1000万円超で役員報酬が800万円だとしたら、売上のうち800万円を経費にできるわけですから、所得をかなり圧縮できることになります。

消費税の免税期間が条件を満たせば追加で2期とれることも法人化のメリットの1

つ。個人事業主として開業すると**初年度の売上高に関係なく開業年度より2年間は消費税の納付をしなくても済むケースがほとんどです**。そして、**開業から2年後に法人化し、一定の要件を満たせばさらに2年間、つまり、最長で4年間消費税の免税を受けることができる**のです。

また、法人のほうが社会的信用もあります。それは、法人設立時に会社の基本的な情報を登記するので、その**存在が確認できる**という点と、やはり**「覚悟」が感じられる**からでしょう。法人でないと取引しないという会社もあるので、**法人化することで顧客を確保しやすくなる**かもしれません。

所得税率 vs. 法人税率

■個人の場合（所得税率）

累進課税で、800万円前後が23%。

課税される所得金額	税率	控除額
1,000円～1,949,000円	5%	0円
1,950,000円～3,299,000円	10%	97,500円
3,300,000円～6,949,000円	20%	427,500円
6,950,000円～8,999,000円	23%	636,000円
9,000,000円～17,999,000円	33%	1,536,000円
18,000,000円～39,999,000円	40%	2,796,000円
40,000,000円以上	45%	4,796,000円

■法人税の場合

法人税は年800万円を境に15%から23.2%に。

区分		税率
資本金1億円以下の法人など	年800万円以下の部分	15%
	年800万円超の部分	23.20%
上記以外の普通法人		23.20%

※法人税は平成31年4月以降。なお資本関係や所得金額による例外はあります。
国税庁HP資料より作成

個人事業主と法人、確定申告や納税の違いは？

いずれ法人化を考えている人なら、フリーランスと法人の違いは気になるところでしょう。フリーランスは個人事業主なので、**売上から経費を除いて余ったお金はすべて自分のもの**になります。一方、法人を設立した場合は、**自分が会社から役員報酬をもらう**という形をとります。すると、**代表取締役であっても給与所得者になる**ので、所得金額の計算では会社員のように**給与所得控除**が適用されます。給与所得控除とは、収入から概算で経費を計算し、控除すること。会社員にも勉強に必要な本の購入費など一定の経費を、大まかに計算して経費として認めましょう、というものです。

個人事業主の場合、課税所得金額の計算は「(売上－経費－青色申告特別控除)－所得控除」となりますが、法人化して役員報酬をもらう場合は、個人としては「役員報酬－給与所得控除－所得控除」に対して所得税がかかり、法人に残した利益には「売上－経費－役員報酬」に対して法人税がかかります。①給与所得控除が使える点、

②個人と法人で分散できる点、③所得税と法人税の間で税率選択の余地がある点で、**法人のほうが節税効果がある**と言えるでしょう。給与所得にかかる所得税についでは**法人のほうで年末調整**します（例外あり）。

法人の確定申告でも「給与所得」が高い節税効果を生み出してくれます。給与所得は必要経費になるので、極端な話、「会社の売上ー代表取締役の給与所得＝0」となれば法人所得はゼロ。支払う税金も少なくて済みます。**給与所得控除と合わせてダブルでおトク**というわけです。ただし、役員報酬は毎月同じ額でなくては損金として認められません。

個人事業主と法人の確定申告・税金の違い

	個人事業主	法人
事業年度	1月1日〜12月31日	法人によって異なる（役所に合わせて4月1日〜3月31日が多い）
申告期限	2月16日〜3月15日（コロナ禍で延長あり）	決算日から2ヵ月後
必要な書類	確定申告書B、収支内訳書（青色申告の場合は青色申告決算書、青色申告承認申請書）	総勘定元帳、領収証綴り、決算報告書、法人事情概況説明書、法人税の申告書、消費税の申告書、地方法人税の申告書、税務代理権限証書など
納めるべき税金	所得税、住民税、個人事業税、消費税	○法人に残した利益にかかる税金 法人税、都道府県民税、市町村民税、法人事業税、消費税 ○役員報酬にかかる税金 所得税、住民税
赤字のとき	所得税や住民税が課税されない	最低7万円の住民税均等割がかかる

17 会社員だけどフリーランスとしても活動。確定申告はしなくていい？

会社員や公務員など給与所得者は、勤務先が納税に関する手続きをやってくれるので、基本的には確定申告はしなくていいことになっています。では、**給与所得者だけどフリーランスとしても活動する人**は確定申告をしなくてもいいのでしょうか。

結論から言うと、**給与以外の副業で20万円以上の所得がある人は確定申告をしなくてはなりません**。他にも、**医療費の支払いが年間10万円以上**とか**住宅ローンを組んだ**とか**ふるさと納税をした**ときなど、給与所得者でも（会社員でも）確定申告をするケースがあります。これらは控除によって税金が戻ってくるので「やったほうがいい」のですが、**副業の確定申告は義務**。つまり、**やらないと脱税**になってしまいます。

確定申告をすると会社に副業していることがバレるのではと気になっている人もいるかもしれません。その可能性は充分にあります。**バレるキッカケとなるのが「住民税」**の存在。住民税は都道府県や市町村が行政サービスを提供するために住民から徴収する税金で、**前年度の所得によって納税額が決まります。**会社員の多くは毎月の給料から住民税が天引きされています。給与が同じくらいの社員であれば本来は住民税も同じくらいのはずですが、**副業して所得が増えると住民税も増えるため、会社の経理担当者などに不審に思われる可能性がある**というわけです。

でも、これには対処方法があります。それは**住民税の納付の方法を「特別徴収」ではなく「普通徴収」にする**こと。こうすると副業からの所得分は自分で納税することができ、職場に怪しまれずに済みます。

ただし、これは**副業の事業所得で追加の住民税が発生したときだけに有効な手段。**

実は副業の確定申告には住民税を安くできるという一面があります。副業で出た赤字を会社の給与所得と合わせると、所得の合計金額が減り、所得税と住民税が安くなるのです。たとえば会社員としての給与所得が600万円、副業で100万円の赤字なら所得500万円に対する所得税・住民税となります。

しかし、**住民税が安くなると副業を知られてしまうリスク**があります。**副業NGの会社では、副業の赤字申告はしないほうがいいかもしれません。**

18 税務署から電話が来た！どうすればいい？

確定申告の後、税務署から電話や郵便で連絡が来ることがあります。ドラマや映画などの、税務調査員に調べ上げられるシーンを思い浮かべる人もいるかもしれません。

税務署からの連絡には2パターンあります。1つは**単なる記入の間違いなどに対する問い合わせ**。もう1つは**会社を調査する「税務調査」**です。売上が年間2000万円以下であれば前者がほとんどです。問い合わせは「行政指導」で法的拘束力はありませんが、**無視し続けていると税務調査に切り替わる場合もあります。**

税務調査は**「受忍(じゅにん)義務」**（調査に応じる義務）が課せられていて、拒否できません。**拒否した場合は1年以下の懲役または50万円以下の罰金。**ただ、警察のガサ入れやマルサ（国税庁査察部）のような強制調査ではないので、許可なく通帳や資料を見るといったことはなく、必要以上に恐れることはありません。税務調査の知らせが来たら、税務署との交渉に長けている税理士に相談するといいでしょう。

税務調査で過去の申告内容に**誤りが見つかった場合、調査官は「修正申告」を勧めてきます**。これは調査官の指摘を認めて自ら申告内容を修正すること。指摘事項に納得できれば応じますが、応じない場合は「更正(こうせい)※」といって税務署側が誤りを正します。修正申告も更正も結果として追加の納税が発生した場合、正しい申告をしなかったとして罰金を科されます(下表参照)。違いは、更正は税務署長などに不服申し立てをして「再調査の請求」などができること。とはいえ、多大な労力と時間がかかりますので、こうしたことにならないためにも、確定申告は正確に行いましょう。

Check 修正申告の罰金の種類

過少申告加算税	ミスや見解の違いなどで本来の税額より少ない金額で申告した場合。	10～15% (税務調査前に修正申告した場合はゼロ)
重加算税	事実を隠蔽したなど、意図的に本来の税額より少ない金額で申告した場合。	35～40%
無申告加算税	申告期限までに申告しなかった場合。	15～20% (税務調査前に修正申告した場合は5%)
延滞税	税金を法定納付期限までに納めていなかった場合。	納期限の翌日から2月を経過する日までは原則として年7.3%。納期限の翌日から2月を経過した日以後は原則として年14.6%。

※更正は、確定申告後に誤りがあったことを自分で発見した場合や、確定申告をしなかったために決定を受けた場合などで申告をした税額が実際より多かったときに正しい額に訂正することを求める場合にも行われる。

4章のチェックポイント

□ **e-Taxで青色申告がオススメ**

e-Taxで青色申告をすると、65万円の特別控除を受けられる。ただし複式簿記に基づく会計管理をする必要がある。

□ **家賃や水道光熱費の一部なども経費にできる**

仕事に使用している割合をはっきりさせれば、その分を経費計上できる。購入したモノやサービスは事業に関係しているか、売上の向上に貢献していれば経費にできる。

□ **経費にできる税金もある**

印紙税や自動車税、固定資産税など、事業に関わりがあれば、経費計上できる税金もある。私的な用途と兼用の場合は、事業に使っている割合を按分する。

□ **医療費や国民年金などは控除になる**

所得控除は15種類ある。医療費や社会保険料、ふるさと納税（寄附金）などを控除すると節税になる。

□ **所得が600万～800万円を超えたら法人化**

個人の所得税率と法人の法人税率を比べて法人のほうが税金が安くなるのが600万～800万円くらい。

5章

健康保険や年金、家のローン……ライフプランはどうする!?

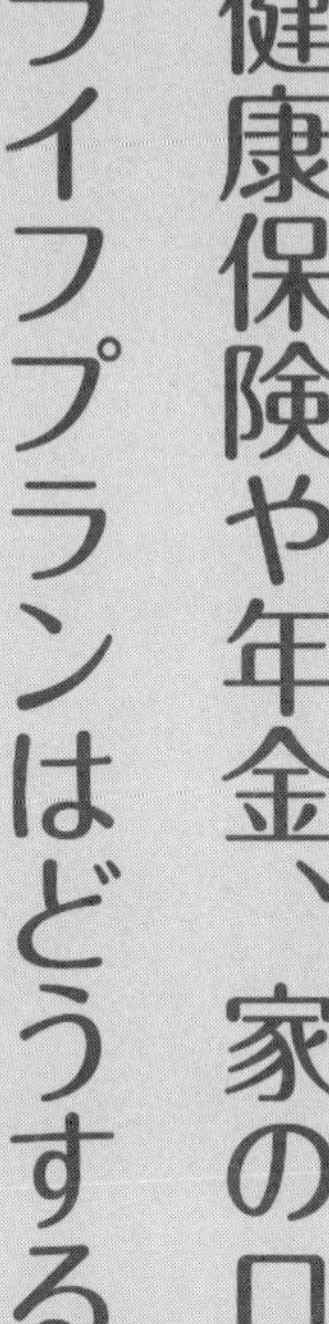

料理家ぶた子

会社員と違って収入が変則的。月々の家計をどう考える？

業種や仕事のやり方にもよりますが、**フリーランスは会社員と比べて収入がどうしても変則的・不安定**になります。店舗整理の支援業務を個人で請け負っているAさんは、案件が集中した期末のある月の収入が150万円に達していました。ところが翌月からはわずか5万円前後が数ヵ月続いたといいます。これは極端な例かもしれませんが、収入が不安定になりがちなことは間違いないので、**会社員のとき以上に家計をしっかり管理することが大切**になります。

フリーランスを何年か続けていると「3月は仕事が多い」「反対に4月はほとんどない」といった傾向が見えてくるかも。でも、独立したばかりの頃はどうしても見えないので、最初は**「1、2年暮らせる程度のお金を貯めてから独立する」**ことを考えてもいいでしょう。

家計を考えるときは、まず**「今、いくらあるのか」を確認する**ことから始めます。

ここでは銀行に１００万円預金してあるとします。続いて、**事業収支を確認**します。これは50万円としましょう。単に収支の金額だけでなく、**年末に支払わなくてはならない税金を差し引いて考えるのがポイント**です。わかりやすくするため所得税を20%とすると、差し引きは40万円ですね。

そしてこの状態から**生活費**を考えます。**毎月の税引後事業収支≧生活費となるのが理想**ですね。そうすると、預金残高が増えていきます。もし、「事業収支＜生活費」であるならば、預金残高がゼロになる前に、「事業収支≧生活費」の状況をつくらなくてはならないということになりますね。

税理士・萩口先生のアドバイス

家計管理は砂時計をイメージするとわかりやすいでしょう。お金の額を砂と考えるのです。砂時計の上段にある砂が現金残高です。この上段に毎月追加される砂が事業収支、そして落ちていく砂が生活費です。生活費はどうしたって落ちていきます。

上の段に一生分の砂が入っているなら死ぬまで安心。でも現実はそうはいきませんから、「事業収支≧生活費」の状況をつくって、上段の砂を増やしていけるとよいですね。一時的に「事業収支＜生活費」となってしまうこともあるかもしれませんが、上段に砂がなくなる状況だけは絶対に避けてください。

もちろん人生には想定外の出来事も起きます。そのことも想定して、どんなに不運が重なっても砂がゼロにならないように、資金計画は「保守的に、保守的に、保守的に」を心がけましょう。砂がなくなったら、ゲームオーバーです。

フリーランスの預貯金事情

　事業は、お金が尽きたら終わりです。したがって、フリーランスは事業のために充分な資金を確保しておくべきですが、それを確保した上でまだ資金があるのであれば、**意識して貯めたり、運用したりしていくことも必要**です。なぜなら、**フリーランスには退職金もないし、不測の事態でも給料が保証されているわけではない**からです。

　コツは、**少額でもいいので毎月定額で貯めていく**ことです。それもできれば**自動引き落としのほうが、強制的に積み立てられるので望ましい**でしょう。ただし、「貯める」とはいっても対象は預貯金だけではありません。現在は金利の低い期間が長らく続いているので、実のところ**預貯金のメリットがほぼない**と言えるからです。

　そこで注目したいのが、**投資信託や株式などの金融商品**です。もちろんこれらの商品は投資となるので、預貯金と違ってリスクはあります。ですが、資産運用には**時間がリスクを低減させる**という考え方があり、短期ではなく長期で投資をすると、上がったり下がったりの波はあっても結局最後は得をする傾向があるようです。ですので、けっして**焦らず、長い目で見て積み立て、増やしていく**ことが大切です。

その他、投資資金を1ヵ所に集中させず、**預貯金、投資信託、株式、さらには外貨などに分散投資する**ことも、リスク回避の観点からは重要です。

ただし、フリーランスは**事業においてだけでなく、病気やケガなどでも急にまとまった金額が必要になる**ことがあります。ですので、**一定の流動資金は常にキープしておく**ことを意識しながら、賢く貯める工夫をしてみましょう。

フリーランスの手取り年収、貯金の金額

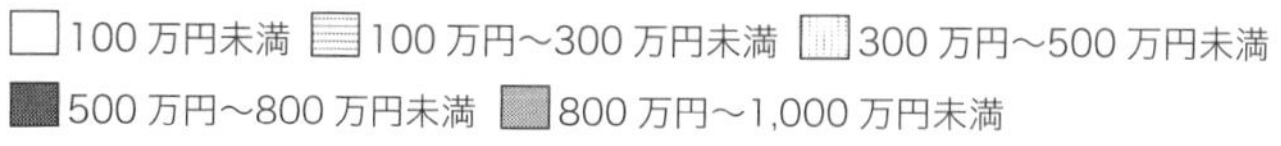

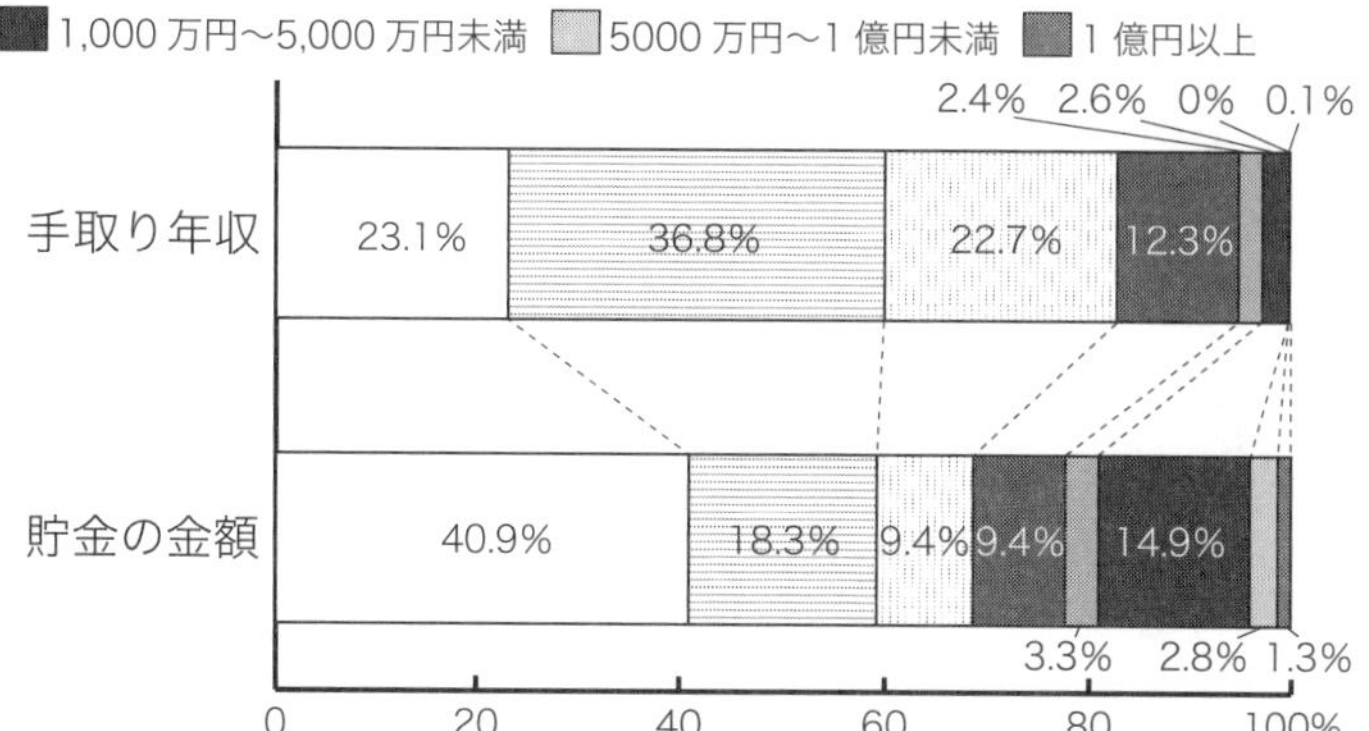

「小規模事業者の事業活動の実態把握調査～フリーランス事業者調査編」
（中小企業庁委託 2015年2月 日本アプライドリサーチ研究所）より作成

厚生年金から国民年金に切り替わると、年金はどうなる？

会社員からフリーランスになるとき、**将来設計の面で大きく変わるのが年金**です。一般的には**厚生年金から国民年金に切り替わる**からです。正確に言うと、国民年金は日本国内に居住する20歳以上60歳未満のすべての人が加入することになっています。つまり、実は会社員も国民年金に加入しているということです。

厚生年金は「2階建て」といわれ、国民年金（1階）に厚生年金（2階）が加算される形になっています。そのため保険料も、**国民年金の保険料（令和3年度は1ヵ月あたり1万6610円で毎年見直し）と厚生年金の保険料（給与・ボーナスをベースに算出し、半額を雇用主が、半額を被雇用者つまり会社員が負担）の合計**を支払います。ただ給与からの天引きなので、払っている感覚はあまりないかもしれませんね。

会社を辞めると月々に払い込む保険料が1階部分だけになるので、その額はかなり減る印象があるはずです。もちろんその分、**国民年金のみでは老後にもらえる金額も**

少なくなります。令和2年度で見ると、国民年金に40年間きちんと加入し続けた満額の場合、**もらえる月額は6万5141円**です。厚生年金はこれに2階部分も加わるので、平均的な収入で40年間会社勤めをした場合に受け取れる**月額は約14万5000円**（平成29年度調査）となっていますが、実際には収入によって大きく変わります。

会社を辞めてフリーランスになると、実際に支給される際は、**会社員時代に厚生年金に加入していた分については厚生年金**（2階建て）**から、退社後の分については国民年金（1階のみ）から**受け取ります。**会社員だった期間が短い人は厚生年金の分が少ない**ので、預貯金や資産形成を行うか、あるいは**任意加入の個人型確定拠出年金（iDeCo）や国民年金基金など**を利用して、老後に備えておきたいものです。ちなみに、将来もらえる年金の額は**誕生月に郵送される「ねんきん定期便」でチェック**できます。なお、一度フリーランスになった後、再度会社員になった場合は、また改めて厚生年金に加入することになります。

国民年金は天引きではないので、**保険料を自ら払わなければいけません**（自動引き落としは可能）。フリーランスになったら忘れずに払いましょう。

体調不良で働けなくなったとき、保険でカバーできる!?

体がどんなに丈夫であっても、病気やケガをまったく経験せず、いつまでも元気に働き続けられる人はそういません。**フリーランスの怖いところは「有給休暇」がないこと。**もちろん会社員と違って、休もうと思えばいつでも、いつまでも休めます。でも、それは**あくまで「無給休暇」**。そうなると体調不良で働けなくなったときはお金の面が心配になります。ムリをすればなんとか働ける状態であっても、**体調や精神面の不調で仕事のパフォーマンスが落ち、結果的に収入が減ってしまう不安**もあります。ムリが祟って病状がより悪化したら、もう目も当てられません。

会社員なら、病気やケガでしばらく休まなければならないとき、本人や家族の生活を守るための「傷病手当金」が社会保険から支給されます。一方、フリーランスが加入する**国民健康保険（国保）には、残念ながら傷病手当金制度がありません。**理由がなんであれ、フリーランスは仕事ができなければ、収入はなくなってしまいます。そうすると生活費にも困るような可能性もあるわけですから、**もしものときのためにあらかじめ対策を考え、実行しておくことが必須**です。

そこで考えたいのは、病気や事故で入院したり、自宅療養の必要があったりで仕事ができなくなったとき、一定額の給付金を受けられる**「就業不能保険」**や**「所得補償保険」**に加入しておくことです。こういった保険は生命保険会社や損害保険会社が販売していますが、これらを上手に活用したいところ。もちろん、**万が一に備えた貯蓄**を日頃からしっかり行っておくことも、フリーランスにとって大切と言えるでしょう。

Check

働けなくなったときに利用できるフリーランスの保障

就業不能保険 所得補償保険	就業不能保険は生命保険会社、所得補償保険は損害保険会社が販売する保険です。病気やケガで一定以上の期間、働くことができなくなったときに保険金が支払われます。入院したときだけでなく自宅療養で働けない場合も保障対象になります。保障期間は保険商品によって異なり「働けるようになるまで」「60歳など一定年齢まで」「加入期間中ずっと」などのパターンがあります。
フリーランス協会の 所得補償制度	病気やケガで仕事ができなくなったときの所得補償プラン（オプションで最長70歳までの長期所得補償プランも用意）、事故での入院・通院・介護・死亡・後遺症で保険金が支払われる傷害補償プラン、自身や親の介護および自身が認知症になったとき一時金を受け取れる親孝行・介護・認知症サポートプランの3つをセットにした、フリーランス向けの保険商品です。

05

フリーランスにオススメの生命保険、医療保険はこれだ！

フリーランスになると収入が安定しません。つまり、お金の面ではリスクが高いとも言えます。そのため、「働けなくなったとき」の対応として就業不能・所得補償保険に加えて、病気やケガに備えて**「1日1万円」などの入院給付金が付いた医療保険**に入っておくことも大切です。入院給付金は**入院に伴う出費に充てられるだけでなく、入院により働けない期間の収入減をカバーする**ためにも使えます。

さらには、万が一自分が死んだときに備えて、生命保険に加入すべき必要性も会社員より高いと言えます。死亡した場合、大企業の会社員であれば充分な退職金が出るでしょうし、企業によってはお見舞金が出ることもあります。中小企業であっても、そうした手当がまったくない企業は少ないです。

でも、**フリーランスには退職金やお見舞金はありません**。そのため、とくに家族がいる方は、**保障金額が高い生命保険に加入する**ことをオススメします。

フリーランスの生命保険・医療保険の選び方

■生命保険

残された家族のため、生命保険に入っておくことは必須です。フリーランスは会社からの退職金や死亡見舞金などがない上、２階建ての厚生年金と比べて遺族年金も少ないため、会社員より備えを手厚くしておくことが望ましいと考えられます。ただ、収入が安定していないと高額な保険料の継続的な支払いは難しいでしょうから、収入状況に応じて保険をこまめに見直すことも必要です。

オススメの生命保険の種類
保険料を抑えるか、保障期間を長くするかの選択

定期保険……保障期間に期限がある。期間満了後は保障されない。保険料は掛け捨てが多く、終身保険に比べて安い。保険料支払いを抑えられるのがメリット。

終身保険……死亡するまで保障。多くは保険料が掛け捨てではない。途中解約時に解約返戻金を受け取れるのがメリット。その分、保険料は高くなる。

■医療保険

入院したとき、決まった金額×入院日数の給付金を受け取れる医療保険には加入しておきましょう。また、手術を受けたときにもらえる手術給付金や、治療費が高額となる先進医療を受けた場合の保障、３大疾病（がん・心疾患・脳血管疾患）の保障、要介護状態になったときの保障といった特約をつけられるのが一般的。安心を考えればこうした特約を付加して保障をより手厚くすることも検討してください。

オススメの医療保険の種類
男性２人に１人、女性３人に１人。日本人の死因１位への備え

がん保険……主な保障内容は、診断給付金、入院給付金、手術給付金、通院給付金。多くは 100 万円、200 万円といった診断給付金が一時金で支払われる。高額な先進医療のための給付金も。一般医療保険の特約をつけて対応することも可能。

06 フリーランスにオススメの老後の備えはこれだ！

フリーランスには退職金がありません。厚生年金もないので、会社員として定年を迎えるのと比べて、年金受給額が少ないです。だから、**老後に向けてフリーランスならではの備えをしておく**ことが大切です。

老後の備えの基本は、なんといっても**国民年金の保険料をしっかりと払い続けること**。厚生年金加入時より受給額が少ないけれども、国の制度はやはり心強いものです。

それに加えて、**積立貯蓄、投資信託、株式投資などで資産運用をしておく**のもオススメ。とくにインフレによる現金価値の目減りを考えれば、**預貯金ではなく株式や投資信託もぜひ取り入れたい**ところです。金融商品以外に、**金（ゴールド）や住宅などの資産を購入する方法**もあります。生命保険の中にも、死亡時の保険金は薄くし、代わりに65歳を迎えたときなど**満期時にまとまった金額を受け取れたり、満期後の一定期間決まった金額を年金のように受け取れるリタイアメント・インカム（特殊養老保**

険）と呼ばれるものもあります。こうした生命保険を選択するのもいいでしょう。

また、国民年金の少なさを補うため、いわゆる**「個人年金」を利用するのも1つの手**です。個人年金は60歳、65歳など一定の年齢まで保険料を支払い、老後に年金として受け取れるもので、**「国民年金基金」「個人型確定拠出年金（iDeCo）」「個人年金保険」**などの種類があります。**個人年金を利用すると税制上の優遇を受けられる**点もメリットとなります。いずれにしても、現在や数年先だけでなく、老後、そして「死ぬまで」も見据えて資金の備えを考えておくことが安心につながることは確かです。

個人年金の種類と仕組み

■個人年金の種類

国民年金基金	国民年金に上乗せする公的年金制度。
個人型確定拠出年金（iDeCo）	積立金を運用し、掛け金と運用益の合計を受け取れる私的年金で、金融機関が提供する。
個人年金保険	保険の一種。積立金をもとに年金をもらう私的年金で、保険会社が提供する。

■受取期間・保障期間の種類

終身年金	加入者が生存していることを条件に、生涯、年金を受け取れる。
有期年金	加入者が生存していることを条件に、一定期間、年金を受け取れる。
確定年金	加入者の生死に関係なく、一定期間、年金を受け取れる。

※個人年金の商品・種類によって選択できる期間が異なる。

07 資金繰りがピンチ！ 賢くお金を借りるには？

フリーランス生活をしていると、事業資金として、あるいは家計の事情でお金を借りる必要が出てくることもあります。いわゆるヤミ金（闇金融）に手を出すのは言語道断ですが、名の知れている消費者金融を利用したり、クレジットカードのローンやキャッシングで借りるケースもあるかもしれません。

でも、こうした手段は一般的に**金利が高い**もの。**収入が不安定なフリーランスは、金利の低いローンを借りづらい**ものです。貸す側からしてもリスクが高い（と判断される）ので、悲しいけれど、当然といえば当然ですね。それでも、基本的な考え方として、金利の低い資金調達から検討していくべきです。まずはメガバンクや地方銀行、信用金庫などが提供するさまざまなローンをしっかりと比較し、**少しでも金利が低いものを選ぶべき**でしょう。

家計の手当ては別として、新規事業や事業継続の資金調達としてお金を借りるなら、

日本政策金融公庫などが提供する公的融資の利用を最優先に考えます。さまざまな事業向けに多様な条件で貸付が用意されています。また、国や地方自治体などが提供している**補助金や助成金**を利用する手もあります。これだと現金が給付されます。

次に考えたいのが、**法人・個人事業主が借りられる事業者ローン（ビジネスローン）**です。これも銀行や消費者金融などが多様なローン商品をそろえています。その他の資金調達の手段としては、**クラウドファンディング**を実施するといった方法もあります。事業のアイデアに応じて検討してください。

税理士・萩口先生のアドバイス

資金調達を行う以外にも、資金繰りを良くする方法はあります。1つは、債権の回収時期を早くすることです。たとえば月末締め・翌々月末回収のものを翌月末回収にするだけで、売上でいえば1ヵ月の残高が増えることになります。1ヵ月の繰り上げが難しいなら、月末の回収期限を1日だけ繰り上げる方法もあります。回収期限が末日だと、回収した資金を末日の債務支払いに充てるのが厳しくなります。しかし期限を1日繰り上げれば、末日の支払いにその資金を充てられるわけです。自分が支払う側の場合は、逆に債務の支払いを1ヵ月遅くすれば資金に1ヵ月の余裕が生まれます。債権回収の繰り上げは契約の条文を変えるだけでOKです。既存顧客に言いづらいなら、新規の顧客から変えていきましょう。

2つめは、商品を扱う事業をしている場合、在庫を圧縮することです。在庫とは、見方を変えれば別の姿をした「お金」です。1年分の在庫があるなら、それを半年分にすれば半年分の在庫の仕入れ額がお金に変わります。

フリーランスが賃貸住宅を借りるには？

フリーランスの不便な点として、**賃貸住宅を借りにくい**ことが挙げられます。せっかく素敵な物件を見つけたのに、いざ交渉を開始すると、簡単には貸してもらえないという事態に遭遇しがちです。

事業内容を細かく聞かれたり、収入証明や納税関連の証明書、確定申告の控えの提示を求められたり。**連帯保証人がいないと貸してくれないというケースも、会社員が借りる場合と比べて多い**ものです。収入証明とは一般に納税証明書または源泉徴収票のことです。納税証明書は地域の所轄税務署にe-TaXまたは郵送で請求できます。

1章で、最近では連帯保証人がいたとしても、保証料を支払って賃貸保証会社（家賃保証会社）を利用することが賃貸の条件となるケースが増えていると述べましたが、この他にも**借金やクレジットカードの滞納歴**などがあると、賃貸がさらに難しくなるという話も耳にします。

居住用としてだけでなく、事務所用として部屋を借りたいというケースもあるでしょう。フリーランスは収入が不安定と判断されるのが一般的な傾向ですから、まずは**収入に応じた家賃の物件を探す**のはもちろんですが、何より**事業を安定させるために努力する**のが先決。その上で、**毎月安定して収入が得られていることを示せる資料を作成しておく**といった対応も必要です。どうしても事務所用の物件を賃貸で借りられない場合は、シェアオフィス、レンタルオフィス、コワーキングスペースなどを利用するのも1つの手でしょう。

見逃しがちなポイントとしては、税金対策があります。節税をしすぎると納める税金が減るため、利益が少ないと見られ、融資を受けにくくなるのと同様の理由で、**賃貸契約もしにくくなる**場合があります。**賃貸や融資を検討しているなら、度を越した節税はしないほうがいい**かもしれません。

フリーランスの賃貸をめぐる状況はおおむね世知辛いものであるのは事実ですが、最近はフリーランスに理解を示してくれる大家さんもいるようです。まずは諦めず、しっかりと情報収集を行うことも大切です。

フリーランスは結婚に不利!?

恋愛結婚であれば、フリーランスだから結婚が不利になるということは、一般的にはないはずです。でも、いわゆる**「婚活市場」では不安定な収入面が不利になるケースがあるかもしれません。**結婚相談所に登録した場合も「この人に会ってみたい！」という人が現れる確率は、残念ながら減ってしまうのが現実でしょう。

結婚で相手に安定を求めるのは当たり前のことです。フリーランスは、実際に収入が毎月いくらと安定的ではありません。とはいえ会社員と違って、収入が高いときもあります。だから、もし「これは！」という方がいるなら、**堅実なライフプランをつくり、お相手を安心させた上で、熱意を込めてプレゼンする**のがいいでしょう。

より現実的な話をすると、重要なのはまず**「今、いくら持っているか」**です。預貯金だけでなく、不動産や株なども含めていくらの資産があるのか。続いて、**「今、いくら稼いでいるのか」**。さらに**「毎月いくら使っているのか」**も大切な要素です。言うまでもなく**資産と稼ぎが多ければ、安心材料になります**。それに加えて、**有事の備えとして保険の対応をしっかりしておく**ことも必要でしょう。フリーランスは働けなくなると収入が途絶えてしまうので、死亡保険金はもちろんのこと、損害保険や医療保険、就業不能・所得補償保険に加入しておけば安心感は高まります。

もう1つ大切なのは**ローンの有無**。事業資金はともかく、プライベートで借金があると会社員以上に不安を与えかねません。住宅ローン借入時の**団信（団体信用生命保険）**は加入必須のケースが多いようですが、もし入っていないなら必ず加入しましょう。

Check

フリーランスの配偶者の有無

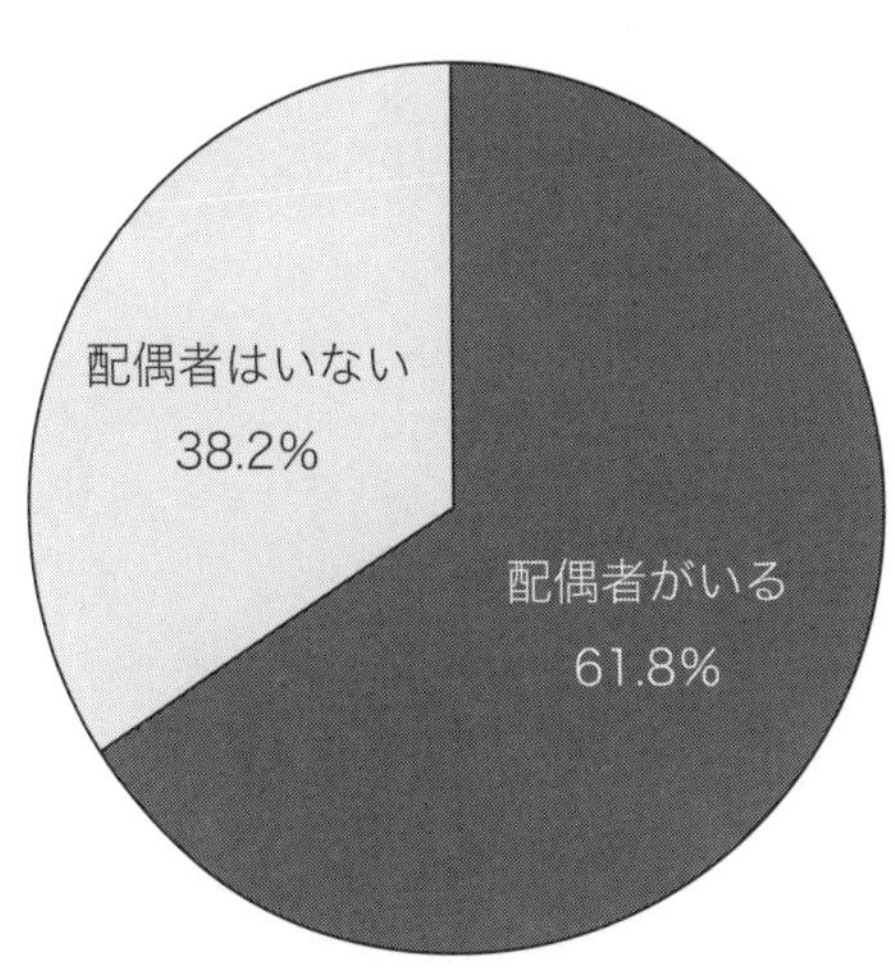

一般社団法人プロフェッショナル＆パラレルキャリア・フリーランス協会
「フリーランス白書 2020」より

10 パートナーが正社員の場合は扶養家族になったほうがいい？

正社員として会社に勤めるパートナーの扶養家族になれば、フリーランスのあなたはパートナーの社会保険（健康保険と厚生年金）に扶養家族として入れますし、配偶者控除などを使えばパートナーも所得税・住民税を減らせるなど、メリットがあるのは事実です。あなたの**年収が１０３万円以下なら、パートナーは税制上の優遇（配偶者控除）を受けられます。**あなた自身も**所得税は非課税で、住民税もきわめて軽微なもの**となりますので、ちょっとおトクな気持ちになるかもしれません。

ただし、パートナーが受けられる**配偶者控除・配偶者特別控除には年収による制限があります。**また、**パートナーの社会保険に入れるのも年収が１３０万円未満の場合**です。

わかりやすく説明すると、あなたの年収が１２９万円ならパートナーの扶養家族となり、社会保険にも入れますが、１３１万円だと入れません。**入れないだけでなく、**

あなた自身で国民健康保険・国民年金の保険料を支払わなければならなくなるため、**年収129万円よりも年収131万円のほうが実質的に手取りが少ない**ということになります。そう考えると、**130万円をやや超える程度の年収ならば、稼ぎを少し抑えてパートナーの扶養家族に入る**という選択肢もアリでしょう。

とはいえ、もともと収入が少ないとか、大きな収入を期待できないのであればともかく、ムリに収入を抑えてまでパートナーの扶養家族にならずに、**フリーランスとして思い切り稼いだほうがいい**という方もいるかもしれません。全額負担となる国民健康保険や国民年金の保険料を自分で支払ったとしても、130万円を大きく超える稼ぎがあるならば、損をした気持ちにはならないはずです。

フリーランスになりたい！　という方が、最初から年収を低く抑えることを目指すというのもちょっと考えにくい状況ですが、事情は人それぞれ。あえてパートナーの扶養家族に入りたい方もいらっしゃるでしょう。家庭のさまざまな事情を考慮した結果、そのほうが望ましいのであれば、**「130万円」および「103万円」という数字は常に念頭に置く**ようにしてください。

フリーランスに産休、育休はあるの？

子どもを持ちたいと考えたら、気になるのが出産休暇や育児休暇。フリーランスにはそんなものはないのだろうな……と思った方、残念ながら正解です。給料や立場を会社が保障してくれるという意味での産休や育休はありません。会社によってはもらえる出産手当金や育児休業給付金も、もらえません。

でも、諦めないでください。**フリーランスが利用できる出産・育児支援制度もある**のです。まず、国民健康保険に加入していれば、**出産育児一時金を国民健康保険からもらえます（42万円）**。また、**出産前後の4ヵ月は国民年金の保険料が免除**されます。**妊婦健診の費用も各自治体で補助制度があり、平均で10万円程度が補助**されます。

その他、中学卒業までの児童を育てている人には**児童手当**が国から支給されます（所得制限あり）。児童手当の月額（1人当たり）は、3歳未満が一律1万5000円、3歳以上小学生までは1万円（第3子以降は1万5000円）、中学生は一律1万円です。

自治体によって額は異なりますが**子どもの医療費助成制度**も用意されています。

こういった制度をあらかじめ調べておけば、必要なときにスムーズに申請できます。制度をもれなく活用することで家計の助けとなるでしょう。とはいえ会社員に比べれば充分とは言えませんし、育休もとれないため、**出産後の仕事復帰に向けては慎重に計画を立てる**必要があります。また、子どもはもちろん親もいつ健康を崩すかわからないので、**行政の支援やシッター・病児保育を事前に調べておいたり、いざというときに頼れる人を確保しておく**と心強いはずです。

Check

フリーランスの子どもの有無

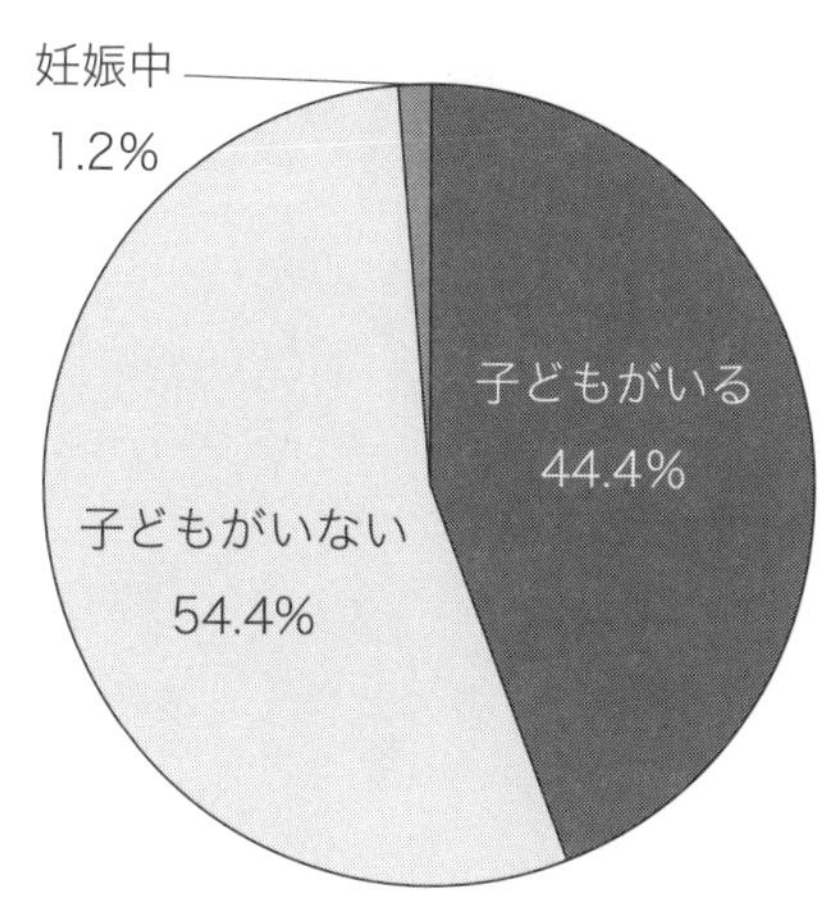

一般社団法人プロフェッショナル&パラレルキャリア・フリーランス協会
「フリーランス白書 2020」より

12 夫婦ともにフリーランス。子育てや家事の分担を、みんなどうやってる？

夫婦がどちらもフリーランスだと、お互いに比較的時間の自由が利く反面、それぞれの**繁忙期が重なってどちらも身動きがとれなくなる**といったこともあります。子育てや家事の分担は、夫婦の関係性、それぞれの考え方、また仕事の内容や時間などによります。とはいえ、一方にのみ負担がかかってはいけません。結局、**どちらがどの役割を担うか、夫婦間の話し合いで決めるのがもっとも望ましい**と言えます。

家事の分担には、「掃除は夫」「洗濯は妻」といったようにあらかじめ役割を決めてしまうパターンと、タイミング次第で「できるほうができることをする」パターンがあります。役割を決めたほうが公平感は保たれますが、急な仕事に対応するためについついパートナーに自分の担当を頼んでしまうことも。いずれにしても「どちらのほうが負担が多い・少ない」で一方が不満に思うと、生活に支障が出ます。柔軟に考えて、**「きっちり半分にこだわらない」ことでうまくいく**ケースが多いようです。

ちなみに「できるほうができることをする」パターンについては、完全に行き当たりばったりのフリーハンドに委ねるのではなく、**「風呂掃除はどちらかといえば妻」「ゴミ捨てはどちらかといえば夫」**といったように、**役割ごとにキーパーソンを決めておく**とスムーズにいくかもしれません。

これについては最初の段階である程度話し合って決めておき、**しばらく暮らしていく中で問題が出るようなら、適宜変えていく**のがいいでしょう。

そして最終的には、常に**パートナーに感謝する気持ちを忘れずにいること**が大切です。

13 「家で仕事しているから」という理由で保育園に入れなかった！

フリーランスは自宅で仕事をしているケースが多いせいか、**子どもを保育園に入れにくい**といったこともあります。実際に「希望の保育園に入れられなかった」「入れることは入れるけれど優先順位は低くされた」といった話も耳にします。

認可保育所に子どもを入れられるかどうかは、点数で決まります。点数の算出方法は自治体によって異なりますが、一般的に在宅でフリーランスの仕事をしていると家にいる時間が長くなるため、点数が低く算出されます。すると優先順位も低くなってしまうのです。そのため、とくに**都市部の人気のある認可保育所に入れることが難しくなってしまいます。**

では、どうすればいいのでしょうか。真っ先に考えたいのは、**人気のある認可保育所を諦める**こと。ただ、都市部ではどの保育園でも入れにくいのが現実でしょう。その場合は次の2つの方法があります。1つは**開業届を出す**こと。働いていることをアピールしやすくなると言われています。もう1つは、**ひとまず認可外保育所に入れ、次の募集機会で改めて申し込む**こと。**認可外保育所を利用した実績があると点数が増える自治体もある**ようです。それ以外では**ベビーシッターを利用する**方法もありますが、保育園と比べると大きなコストがかかります。ただ**自治体から助成金が出る場合もある**ので、調べてみる価値はあります。

仕事中に子どもの面倒を見られないのは会社員と同じなのですが、世間ではそうは見てくれません。ただ、最近はコロナ禍で在宅ワークが普及したこともあり、この不利な制度も見直しが始まりそうです。

Check

困ったときに頼れる子ども・子育て支援制度

利用者支援	保育施設や子育て支援情報の提供、紹介
放課後児童クラブ	児童が学校や児童館などで過ごすことができる取り組み
一時預かり	保育所や地域子育て支援拠点で子どもを預かる活動
病児保育	病気や病後の子どもを病院や保育所などで預かる活動
ファミリー・サポート・センター	子育て中の保護者が会員になり、相互に助け合う活動
地域子育て支援拠点	公共施設や保育所などで子育ての相談ができる
子育て短期支援	保護者の出張など、子どもを短期の宿泊で預かる活動
養育支援訪問	養育支援が必要な家庭を訪問、指導・助言を行う活動
乳児家庭全戸訪問	乳児のいる家庭を訪問、情報提供などを行う活動
妊婦健康診査	妊娠期間中の適時に必要に応じた医学的検査の実施

内閣府「子ども・子育て支援新制度 なるほどBOOK（平成28年4月改訂版）」より作成

14 離婚した場合に親権は確保できる？

パートナーとの離婚を考える人もいるでしょう。そんなときに気になるのが子どもの親権。フリーランスでも未成年の子どもの親権を得られるのでしょうか。

親権者は、**未成年の子どもの養育・監護を行う権利**と、**子どもに代わって財産を管理する権利**を持ちます。いずれも権利だけでなく、その**権利の裏返しとして、子どもを保護する義務**、あるいは**子どもの財産を守る義務**も生じます。

親権者の決定は、基本的には両親の協議（話し合い）によって行われます。しかし**協議で決まらなければ、家庭裁判所に調停を申し立て**、裁判官など第三者を介した話し合いで決めることになります。調停でも親権者が決まらないときは裁判となり、家庭裁判所の裁判官が決定します。

親権者を決めるときの判断基準はどうなっているのでしょうか。裁判所では、**子どもへの愛情、住宅・学校といった生活環境、親としての監護能力、そして収入（経済**

力）などの事情を総合的に見て、どちらがふさわしいかを判断します。

フリーランスの方が不安に思うのは「収入」でしょう。収入については、実はあくまでも**判断する際の要素の1つ**にすぎません。仮に相手により安定した収入があったとしても、**それ以外の要素で相手より優れていると判断される部分が多いようであれば、フリーランスであっても問題なく親権を獲得できます。**ちなみに生活環境については、**現状の環境維持を尊重する方向で決定する傾向が強い**ようです。いずれにしてももっとも優先されるのは、**「子どもの利益」になるかどうか**です。

Check 親権確保のための重要ポイント

- ■子どもに対する愛情
- ■収入などの経済力
- ■代わりに面倒を見てくれる人の有無
- ■親の年齢や心身の健康状態など親の監護能力
- ■住宅事情や学校関係などの生活環境
- ■子どもの年齢や性別、発育状況
- ■環境の変化が子どもの生活に影響する可能性
- ■兄弟姉妹が分かれることにならないか
- ■子ども本人の意思

15 フリーランスから会社員に戻れるの？職務経歴はどう書く？

会社を辞めてフリーランスになってみたものの、どうにも自分には向いていない、思うように稼げなかった、将来に不安を感じたなどといったさまざまな理由で、また会社員に戻りたいという方もいます。フリーランスを経験した人が会社員に戻ることは可能なのでしょうか？

もちろん、可能です。ただ、そもそも「時間や組織に縛られたくない！」「自分の仕事は自分で責任を持って選びたい」「電車通勤がイヤだ」「休みたいときに休みたい」といった理由で会社を辞めた人なら、**再び会社員に戻れるかどうかは個人の性格や資質、志向によります。**フリーランスから会社員に戻った人は実際にいますから、働き方の違いを受け入れることができれば可能です。

その場合、理想は**フリーランス経験で磨いてきたスキルを評価される状況で就職すること**です。そこで、職務経歴書を書くときには、自己ＰＲや志望動機はもちろんのこと、フリーランスでの実績をしっかりアピールするようにしましょう。**経験やスキルに加えて、資格、仕事の成果などを細かく記入**します。**具体的に記載できるクライアント名や作品名、関わったプロジェクト名、イベント名などがあればなおよし**と言えます。**クライアント名などの記載は念のため守秘義務を確認**しましょう。

また、フリーランスは「コミュニケーション能力がないから会社を辞めたんだ」と勝手に思われていることが多くあります。コミュニケーションに問題がなく、むしろ得意であることなど、**具体的なエピソードを交えて紹介する**のはとても有効です。

フリーランスの職務経歴書の書き方

■ Web デザイナーの例

会社名	フリーランス or 屋号
期間	2013 年 4 月〜在職中
雇用形態	個人事業主
業務	Web デザイナー
職務内容	Web サイト制作
実績	・Web サイトのデザイン・コーディング ●●株式会社　http://www. ○○○ .com/ ●●商店　http://www. ○○○ .com/ ●●マーケット　http://www. ○○○ .com/ ●●医院　http://www. ○○○ .com/
使用スキル	HTML コーディング、CSS2 ／ CSS3、WordPress、Illustrator、Photoshop

5章のチェックポイント

□ **毎月の税引後事業収支≧生活費が理想**

まず「今、いくらあるのか」を確認する。その上で「税引後」の事業収支が生活費を上回ればOK。

□ **就業不能保険や所得補償保険に加入する**

有給休暇はないので、入院や自宅療養に備えて就業不能保険や所得補償保険に加入しておくと安心。

□ **iDeCoや個人年金保険を利用する**

厚生年金がないフリーランスは会社員以上に老後の備えが必要。個人型確定拠出年金（iDeCo）や個人で加入する個人年金保険への加入を検討すべし。

□ **資金繰りは公的融資を最優先に考える**

事業のための資金調達なら日本政策金融公庫や自治体などが提供する公的融資、補助金、助成金などを最優先に検討する。事業者ローンはその後。

□ **扶養に入るなら「130万円」と「103万円」**

パートナーが正社員なら、その扶養家族になることも検討の余地あり。年収103万円以下ならパートナーは配偶者控除を受けられ、130万円未満ならパートナーの社会保険に入れる。

基本編

みんなはどうやっているの!?「フリーランス」の現実

ITエンジニアいぬ本

「フリーランスになろう」と思ったら知っておくべきことは？

会社に勤めていればお金に関わることは経理部がやってくれます。しかし、フリーランスになると経理だけでなく総務、法務、情報システムなどいわゆる**バックオフィス機能は全部自分で行う**必要があります。もちろん営業もしなければなりません。**フリーランスは1つの会社だと考えるべき**でしょう。その中で必ず知っておくべきことは**お金と法律**の問題。お金では、なんといっても**確定申告**です。これは**毎年の所得と税額を計算して税務署に申告し、納税する制度**です。確定申告は必ずしも納税のためばかりではなく、**払いすぎた税金を取り戻す**役割もあります。たとえば、フリーランスの中で報酬から税金を先に引かれている（源泉徴収）ような職種の人であれば、**確定申告によって、税金が戻ってくる**ことも多くあります。また、確定申告は**定期的収入の証明**であり、**社会的な信用**にもなります。

法律面では、政府もフリーランス保護を打ち出していて、独占禁止法、下請法などの適用ガイドラインを発表しています。独占禁止法では**発注者が有利な立場を利用して報酬をカットしたり、支払わないなどがあった場合、「優越的地位の濫用」となることがあります。**また、下請法は**発注者の資本金が1000万円を超えていて、製造・制作・サービスなど業務を委託された場合**に適用されます。**発注者は発注時に取引内容を書面で交付し、納品日から60日以内に報酬を支払う義務**があります。さらに、予定が変わったからと成果物を受け取らなかったり、報酬を値引きしたり、支払いを遅延することなども禁止されています。

もう1つ覚えておいてほしいのは、**2020年4月に改正された民法**です。フリーランスにとっても重要な改正で、「瑕疵担保責任」が削除され、「契約不適合責任」が導入されました。以前は納品物などにミスや問題があれば、発注者は補修や損害賠償を請求できました。しかし、改正民法では追完請求や代金減額請求ができるようになりました。こうした請求ができるかどうかは契約内容によるので、**納品物の品質や数量、内容などを契約書で明確にする**必要があります。書面がムリでも**口頭だけでなくメールなどで残す**ようにしましょう。

フリーランスは労働者なの？ 労働基準法は適用される？

日本では、労働者は労働基準法や最低賃金法などで守られています。つまり、**最低基準以上の労働条件や国が定める最低賃金額以上の賃金が保証されている**のです。ではフリーランスは労働者なのでしょうか？　実は**フリーランスは、個人としての業務委託なので、原則としてこうした法律は適用されません**。その点では、フリーランスは国が定める「労働者」とは言えません。

しかし最近では、業務委託の形を取りながら、実質的には雇用に近い（雇用類似の）働き方をしているフリーランスは労働者とみなして、労働関係の法律を適用するべきだと、労働政策審議会でも前向きに検討されています。

では、どのような場合に労働者と認められるのでしょうか。基本的には**発注者から具体的な指示を受けて、労働時間や場所、時給・日給など賃金の指定がされている場合**は、雇用に類似していると考えられます。

「フリーランス実態調査」（内閣官房2020・5）によると、業務委託で仕事をするフリーランスの37％が「業務の内容や遂行方法について、具体的な指示を受けている」、16％が「勤務場所や勤務時間が指定されている」と答えています。たとえばシステムエンジニアやプログラマー、建築関係などでは、**取引先で仕事をするケースが多く、雇用類似の働き方とみなされる**ことが多いでしょう。それなら**最低賃金額以上の報酬を求められるし、残業代や有給休暇も請求できる可能性があります。**つまり、業務委託契約のフリーランスでも、保護される可能性があるのです。

Check フリーランスが労働者と認められるポイント

■発注者から直接、仕事の指示を受けている
■業務時間や休憩・休日、作業場所が発注者によって指定されている
■時間給、日給、月給など時間単位で報酬が決められている
■発注者の社員と共同で同じ業務をしている
■発注者からの業務がメイン
■発注者の就業規則に従わないといけない

03 フリーランスの仕事ってどのように進むの？トラブルはあるの？

フリーランスになったら仕事は自分で見つけてこなければなりません。フリーランス全体で見ると、受注経路として一番多いのが**「人脈（知人の紹介含む）」**で、74％を占めます。次に**「過去・現在の取引先」**が52％、**「自分自身の広告宣伝活動」**24％、**「エージェントサービスの利用」**15％、**「クラウドソーシング」**12％、**「求人広告」**10％となっています（フリーランス協会「フリーランス白書２０２０」）。人脈も過去・現在の取引先もこれまでのキャリアの結果です。**独立してフリーランスになる方は会社を円満に退職し、それまでのネットワークを活かすべき**でしょう。とはいえ、前職での顧客を奪うようなやり方は後でしっぺ返しを食らいます。

エージェントサービスとは求人情報サイトなどの活用で、主にエンジニアやＳＥ、Ｗｅｂデザイナーなどの専門職が対象です。クラウドソーシングは**「ランサーズ」**や**「クラウドワークス」**などの大手サイトが知られていますが、**取引先が募集する案**

件にフリーランスが応募する形式で、デザインなどはコンペもあります。さまざまな職種が登録できるメリットがあります。

いよいよ仕事が始まると避けられないのがトラブルです。「フリーランス白書2020」では**「業務委託契約におけるトラブル経験」に、46%が「あった」と答えています。**その原因は「報酬の支払遅延」が43・7%、「契約の一方的変更」が38%、「報酬の減額」が32・4%、「買いたたき」が28・2%などとなっています。**トラブル経験者の46%が口頭契約**ですから、やはり**書面やメールなどで契約内容を確認する必要がある**ということです。

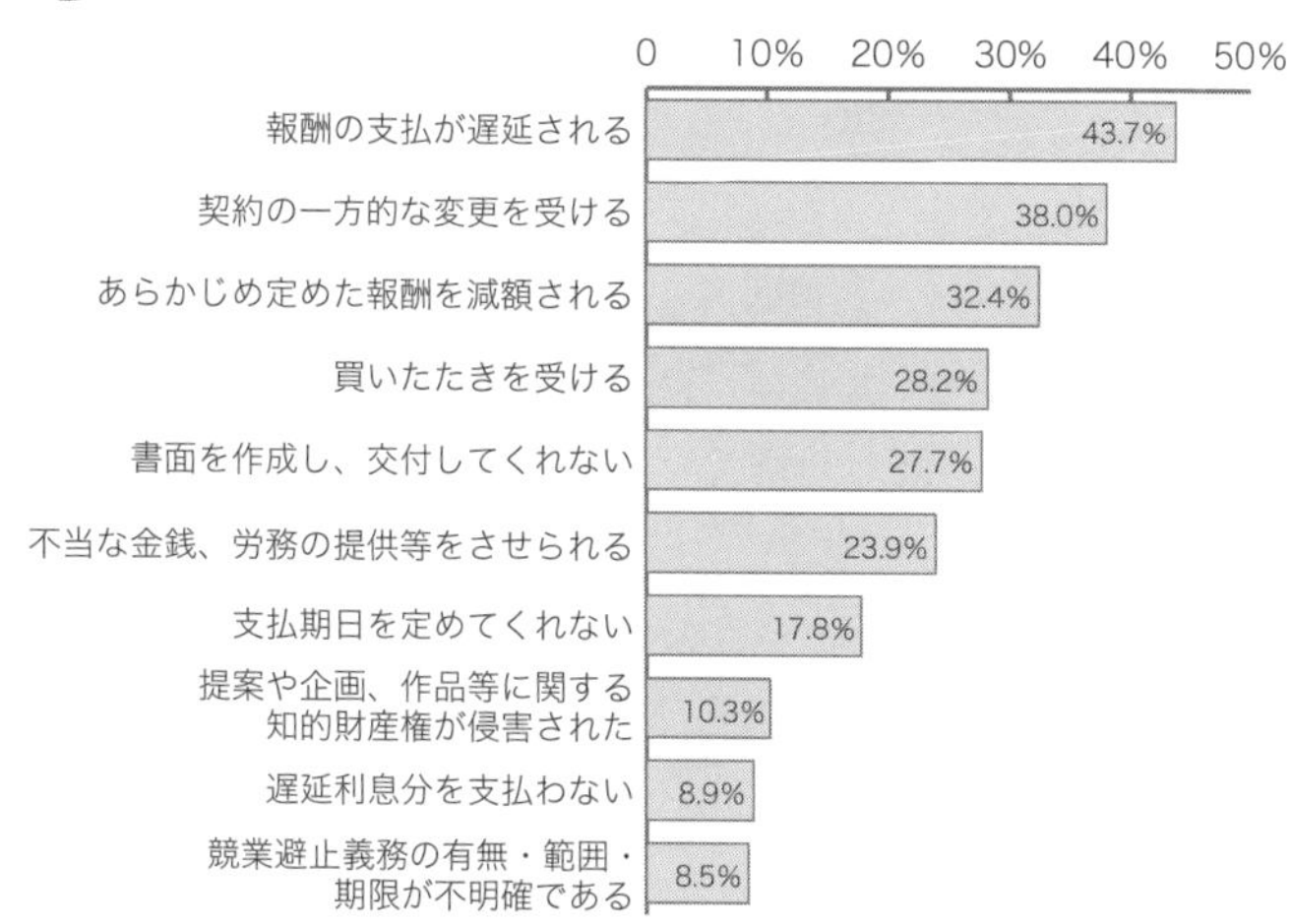

一般社団法人プロフェッショナル＆パラレルキャリア・フリーランス協会
「フリーランス白書 2020」の資料より作成

フリーランスのメリット、デメリットは？ 就業時間は短い？ 収入面は？

フリーランスは時間が自由で楽して儲けられる……というのはちょっと甘い考えです。もちろん、**働き方次第で労働や通勤など拘束時間が減り、1年のうち夏休みをたっぷりとれるなどの自由度は高まる**でしょう。しかし、当然デメリットもあります。

61ページの表にもあるように、**労働日数／時間は週4・7日／31・9時間**と、会社員の5・1日／42・1時間に比べて短く、通勤平均時間も44・8分で35％も少ないです。さらに自分で勤務日を選べた人が64％と、会社員の24％を大きく上回っています。時間の自由度は高いようです。

一方、収入面を見ると、年収は200万円以上300万円未満が19％ともっとも多く、100万円以上400万円以下で7割近くを占めています（内閣官房「フリーランス実態調査2020」）。ただし、フルタイムの会社員に近い月間就業時間「140時間以上」という条件をつけると**400万円以上600万円未満が23％**、**600万円以上**

800万円未満が15%と会社員並みの収入を得ているフリーランスもいます（フリーランス協会「フリーランス白書２０２０」）。

満足度は、調査データによって差があります。「データで見る日本のフリーランス」では「幸せ」が37%で、会社員の40%より低くなっています。一方、「フリーランス実態調査」では**「仕事上の人間関係」「就業環境（働く時間や場所など）」ともに8割以上が「非常に満足」「満足」と回答**。「フリーランス白書２０２０」でも同様項目で8割以上が「非常に満足」「満足」と答えています。ただし、両調査とも「収入」については満足度が約４割と落ちています。

フリーランスという働き方の満足度

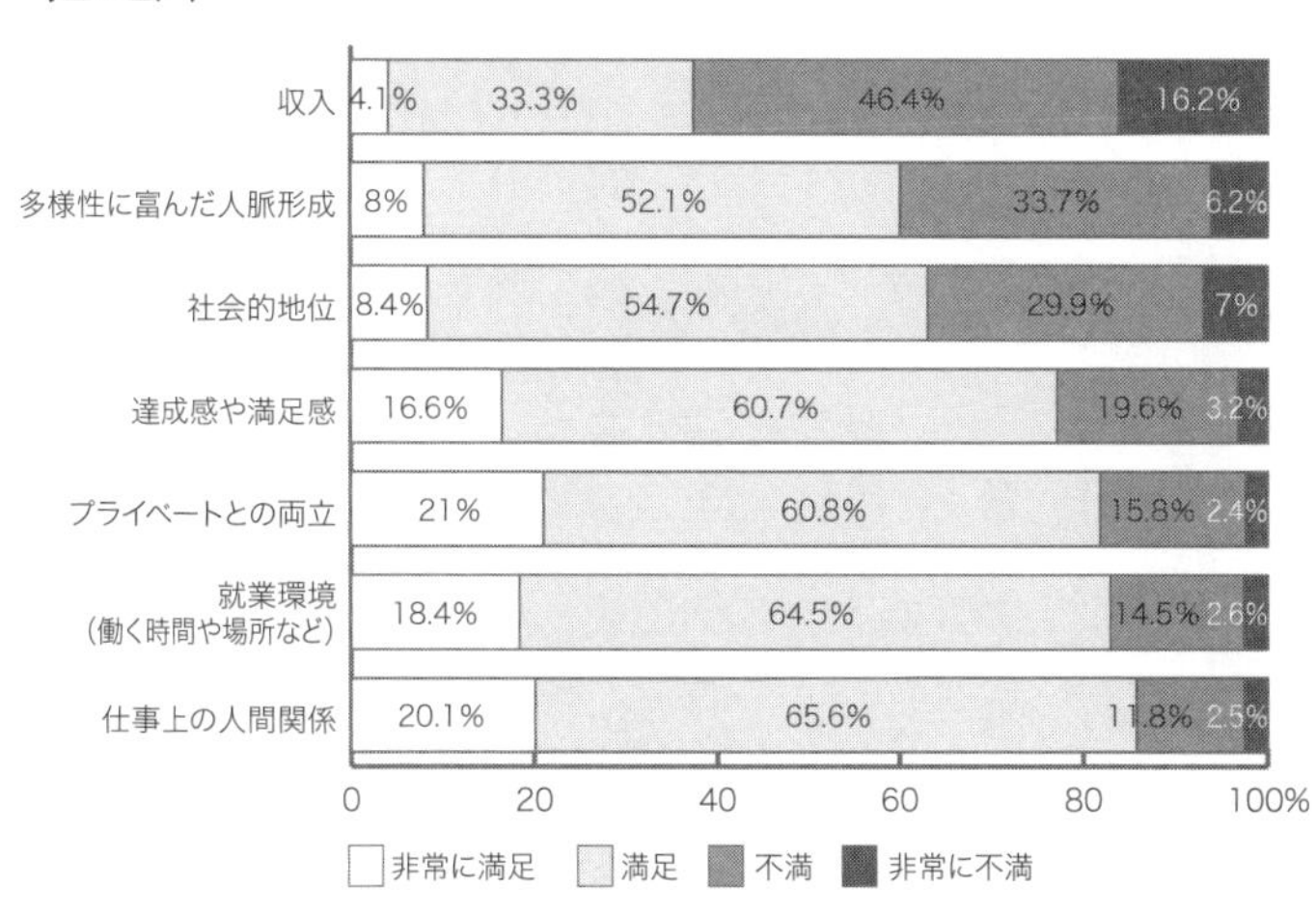

内閣官房「フリーランス実態調査」（2020年５月）の資料より作成

05 向いている人と向いていない人がいる!? フリーランスの適性とは?

フリーランスは会社員に比べて自由ですが、**プロとして生きていくためにはそれなりの覚悟と努力が必要**です。「会社に嫌な上司がいたから」程度の理由でフリーランスになるのは止めたほうがいいでしょう。フリーランスという働き方を始めた理由について、**「自分の裁量で仕事をするため」**が56%、**「働く時間／場所を自由にするため」**が50・2%、**「より自分の能力／資格を生かすため」**が43・3%、**「ワークライフバランスを良くするため」**が36・1%などとなっています。一方、理由別の働き方に対する満足度を見ると、満足度が高いグループはこうしたポジティブな理由が多い反面、満足度の低いグループでは**「子育てとの両立のためにやむを得ず」「自分の体調不良のため」「勤め先が倒産・廃業したため」**といったネガティブな理由が高くなりました（フリーランス協会「フリーランス白書２０２０」）。つまり、**前向きな理由でフリーランスになるほうが働き方に対する満足度が高くなる**のです。

それでは、フリーランスという働き方を成功させるにはどんなことが重要なのでしょうか。一番高かったのが**「自分を売る力（セルフブランディング）」**の60％、次に**「成果に結びつく専門性・能力・経験」**の58％、**「人脈」**の51％で、いずれも会社員より高いです。一方、「新しい発想」「自分の意見を上手く伝える能力」「やり遂げる力」などは会社員より低くなっています（「フリーランス白書２０２０」）。逆にやってはいけないのは**能力以上の仕事を請けて取引先に迷惑をかける**こと。狭い業界、悪評はすぐに広まります。**自分の力を正しく判断する能力**がフリーランスには必須です。

フリーランスという働き方を始めた理由

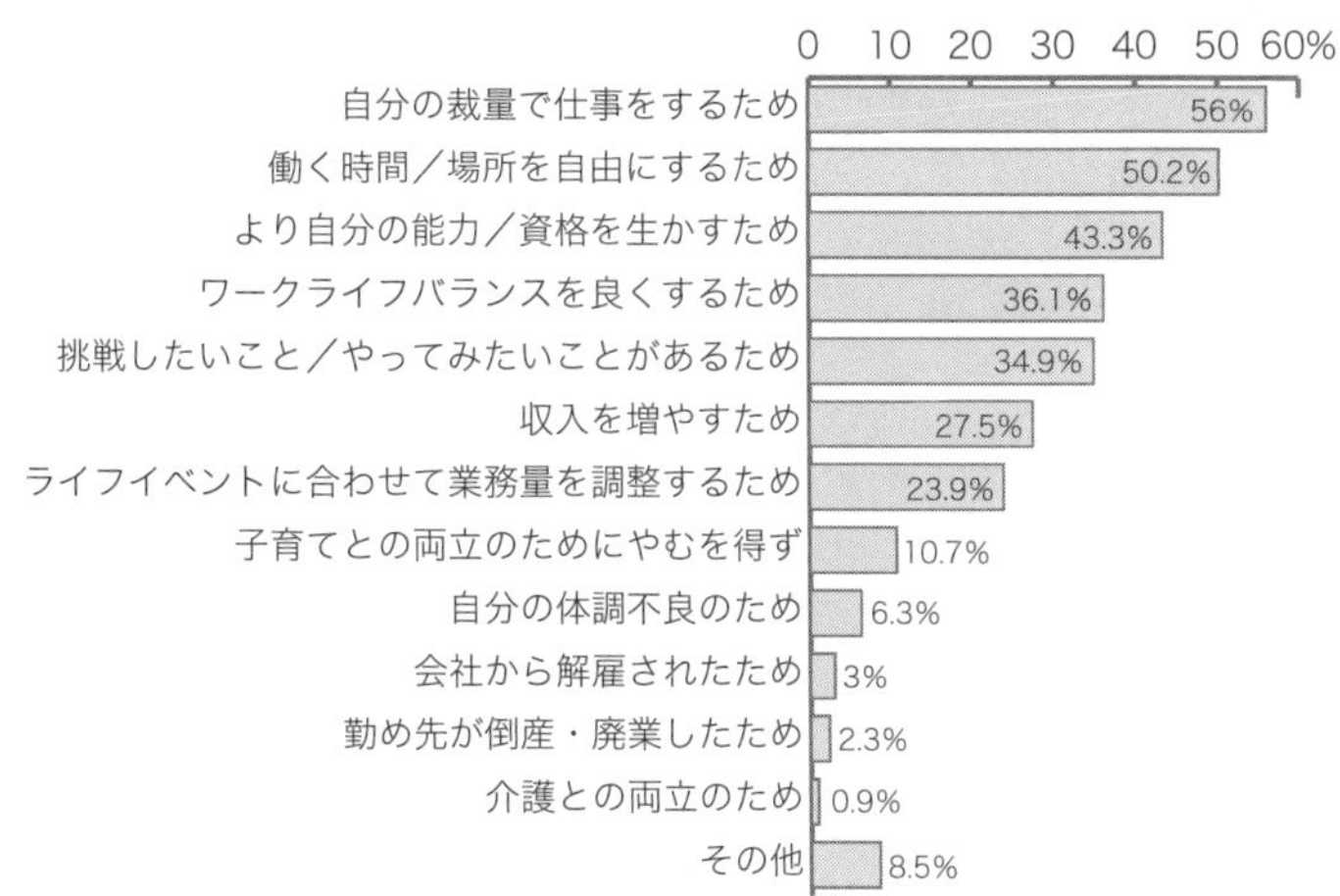

一般社団法人プロフェッショナル＆パラレルキャリア・フリーランス協会
「フリーランス白書 2020」の資料より作成

06 今、日本でフリーランスはどれくらいいるの？ これから増える？

今、フリーランスとして働いている人はどれくらいいるのでしょう。「フリーランス」の定義によって試算はまちまちですが、内閣官房によれば462万人。このうち本業が214万人、副業が248万人です。リクルートワークス研究所の調査では472万人で、本業324万人、副業148万人です。また、厚生労働省の外郭団体の調査では367万人です。日本の就業人口が6637万人（総務省「労働力調査」2021年3月）ですから、**全体の5〜7%がフリーランス**ということです。

フリーランスの平均年齢は意外と高く55・4歳で、**男性が8割近く**占めています。男性の50歳代が半数以上を占め、業種では**サービス業**が21・1%、次いで**情報通信業**が9・9%、**建築業**が9%となっています。職種では**営業・販売職**が6・5%、**建築・土木・測量技術者**が6・1%、**生産工程・労務職**が5・9%と、**営業や技術職が多い**ことがわかります（リクルートワークス研究所「データで見る日本のフリーランス」）。

求人情報検索エンジン「Indeed」で東京都の業務委託契約を調べると、44職種が掲載されていました（リクルートワークス研究所『働く』の論点2019」）。フリーランスというと**デザイナー、ライターなどクリエイティブ系**を想像しがちですが、**実際にはエンジニアやコンサルタント、建築などの専門職や、スタイリスト、美容師、講師、接客・販売など業種・職種は幅広い**です。

個人として専門性やスキルを身につけたい人は増えていますし、企業による副業の解禁やインターネットを使った発信・リモートワーク環境の整備が進んでいます。ますますフリーランスは増えていくでしょう。

多様化する複業人材

もはや業務委託化できない領域はないとも言われる

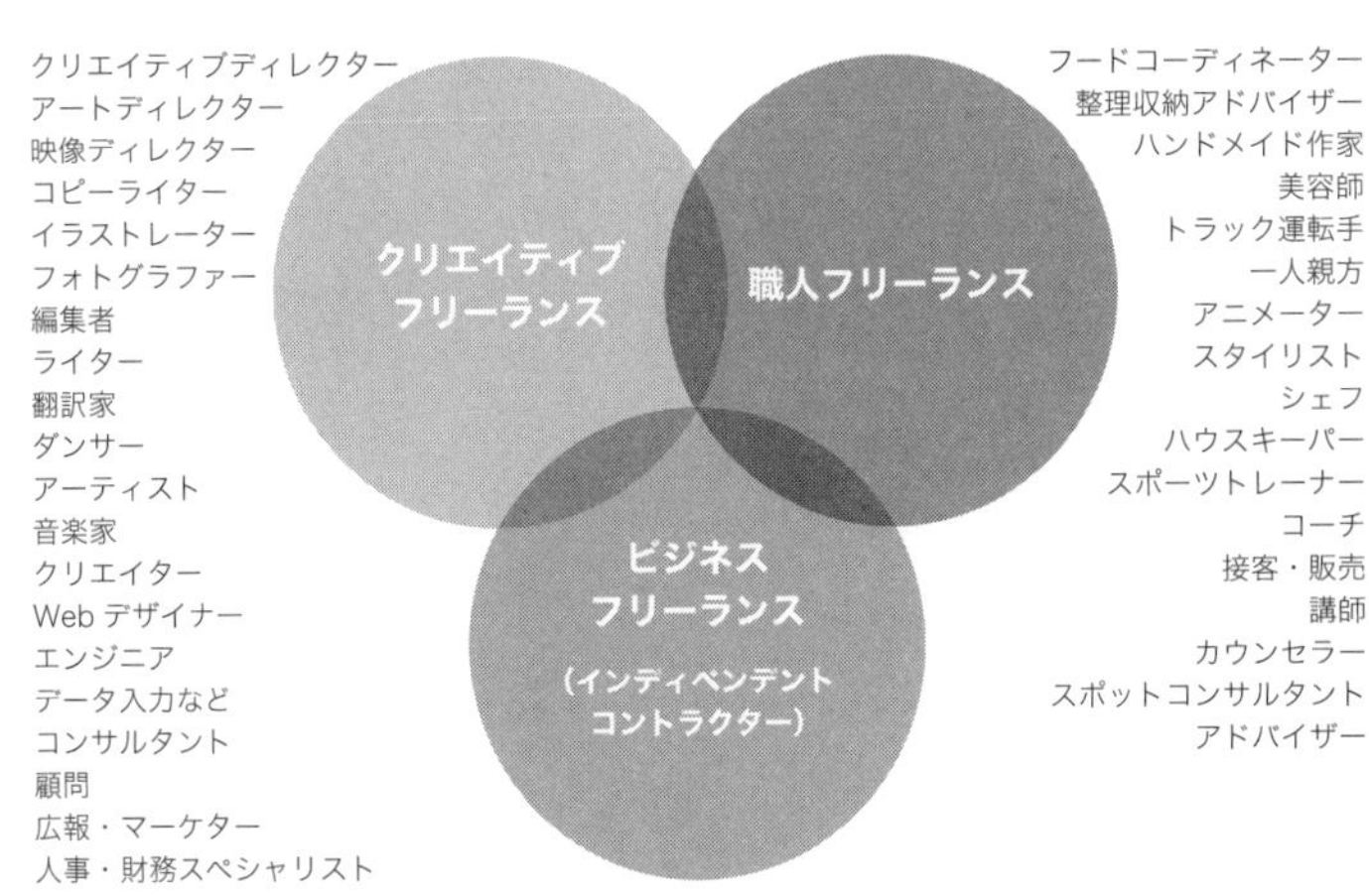

一般社団法人プロフェッショナル＆パラレルキャリア・フリーランス協会
「フリーランスの実態と課題」（2020 年）の資料より作成

フリーランスと会社員はどこが違うの？

会社員とフリーランスの最大の違いは、**雇用契約があるかないか**です。派遣社員やパート・アルバイトも正規雇用ではありませんが、雇用契約の下で給与をもらうため非正規雇用と呼びます。しかし、**フリーランスは取引先と「業務委託契約」を結んで報酬を受け取る労働形態が多い**です。なお最近はUber（ウーバー） Eats（イーツ）などの配達員がギグワーカーと呼ばれ、急増していますが、これは**継続的な業務を前提とせず、業務委託契約の下、単発で仕事を請ける働き方**です。フリーランスと考えていいでしょう。

2章でも述べたように、民法で規定されている労務提供型の契約形態には「請負契約」「委任契約」「雇用契約」の3種類があり、このうち**請負**と**委任**の2つを区別せずに「業務委託契約書」という表題で契約をする場合がありますが、これは民法上の正式名称ではありません。**この2つに明確な違いがある**ことを知らないとトラブルの元になります。**請負は成果物に対して報酬を受け取れる契約**なのに対して、**委任は契約**

期間中に約束した業務を遂行することで報酬を受け取る契約です。そのため、請負では**完成責任（成果物を完成させる責任）**を問われますが、委任では問われません。

たとえばソフトウェア開発業務の場合、**プログラミングは請負**ですが、**要件定義は委任**になることが多いです。**請負はデザインや原稿作成など実際にものをつくるケースが一般的**です。**コンサルティング、技術指導、理美容、マッサージなどは委任**とされることが多く、必ずしも発注者の希望通りいかなくても責任は問われませんが、仕事のプロセスにミスがあれば問題視されることもあります。

Check 会社員とフリーランスの違い

労働者 ←→ 事業者

	正規雇用	非正規雇用	フリーランス（個人事業主・法人経営者・すきまワーカー）				
	正社員	契約社員、派遣、パート等	常駐フリー	事務所所属	ギグワーカー	請負・委託	自営
取引先との契約	雇用契約	雇用契約	業務委託契約	マネジメント契約	利用規約	業務委託契約	業務内容次第
支払い	給与	給与	業務委託報酬	ギャランティ	業務委託報酬	業務委託報酬	業務内容次第
社会保険	企業で加入	契約次第	個人で加入	個人で加入	個人で加入	個人で加入	個人で加入
時間・場所の制約	あり	あり	あり～なし	なし	なし	なし	なし

一般社団法人プロフェッショナル＆パラレルキャリア・フリーランス協会
「フリーランス白書 2020」の資料より作成

働き方は多様！「タスク型」「プロジェクト型」「ミッション型」

フリーランスは、自宅にこもって請けた仕事を1人で黙々とこなすだけではありません。取引先などと打ち合わせをしたり、場合によっては同業・他業のフリーランスたちと力を合わせたりする必要があります。「フリーランスの実態と課題」（フリーランス協会 2020年）では、フリーランスの働き方を以下のような3つに分類しています。

■**タスク型**……期間、作業内容、納品物が明確

■**プロジェクト型**……期間が長期にわたるが、業務範囲、成果物は明確

■**ミッション型**……期間や成果物は限定せず、ミッションに基づき役割を遂行する

業種・職種によってこの3タイプの傾向は異なってきます。たとえば、**デザインや出版物、ホームページなどの制作やデータ入力、理美容サービスなどはタスク型**が多く、**大型のシステム開発・構築や新商品キャンペーンなどはプロジェクト型**。**営業・販売・小売、コンサルティング、人材開発などはミッション型**が中心となります。と

くに長期の業務になればなるほど、フリーランスとしては**絶えず取引先と方向性を調整し、モチベーションを維持する**ことが求められます。

こうした**働き方と報酬の支払い方は密接に関わる**ので、**業務委託契約時に確認する**必要があります。タスク型はシンプルに成果物を納品した後、請求書を取引先に送って、取引先の支払い規定の通りに（月末締め翌月20日払いなど）、銀行振込をしてもらいます。プロジェクト型は完了時に一括か、前払いなど分割するかを決める必要があります。ミッション型は一般的には月次の支払いとなります。

フリーランス 3つの働き方

タスク型	・バナーやロゴをデザインする ・データ入力や翻訳作業を行う

➡期日、作業内容、納品物が明確

プロジェクト型	・人事制度の刷新 ・新商品のキャンペーンを実施する

➡期間（数ヵ月～数年）、業務範囲、成果物が明確

ミッション型	・企業の認知向上、ブランディング ・企業の人材開発（採用～育成）

➡期間や成果物は限定せず、ミッションに基づき役割遂行

一般社団法人プロフェッショナル＆パラレルキャリア・フリーランス協会
「フリーランスの実態と課題」（2020年）の資料より作成

09 40歳、50歳で壁がある!? フリーランスにも賞味期限がある？

フリーランスには定年はありません。ただ、高齢になるにつれて不利になることもあります。たとえば、ＩＴエンジニアは**35歳定年説**などもあり、高齢だと敬遠される傾向があります。また、**プロジェクトによっては年齢制限を設けている**場合があり、20～30代が優遇されます。建設現場など体力を要する業種でも、若い人が求められるでしょう。取引先の担当者が**「自分より年上は扱いにくい」**と考えることもあります。

しかし、**特殊な技能や技術・ノウハウを持っていれば、むしろ40代以上ほど信頼されます**。フリーランスの平均年齢は55・４歳。中高年が活躍している職種はいろいろあります。たとえば、**営業・販売職では60歳以上のシニア比率が60％**に達します。**専門職・技術職では40％強、50歳以上を含むと65％**になります。**クリエイティブ職でも50歳以上でやはり65％程度**です。肝心なのは、**年齢に関係なく取引先に信頼され、長期の付き合いができるように専門能力を磨き続ける**ことでしょう。

フリーランス 職種別の年代分布

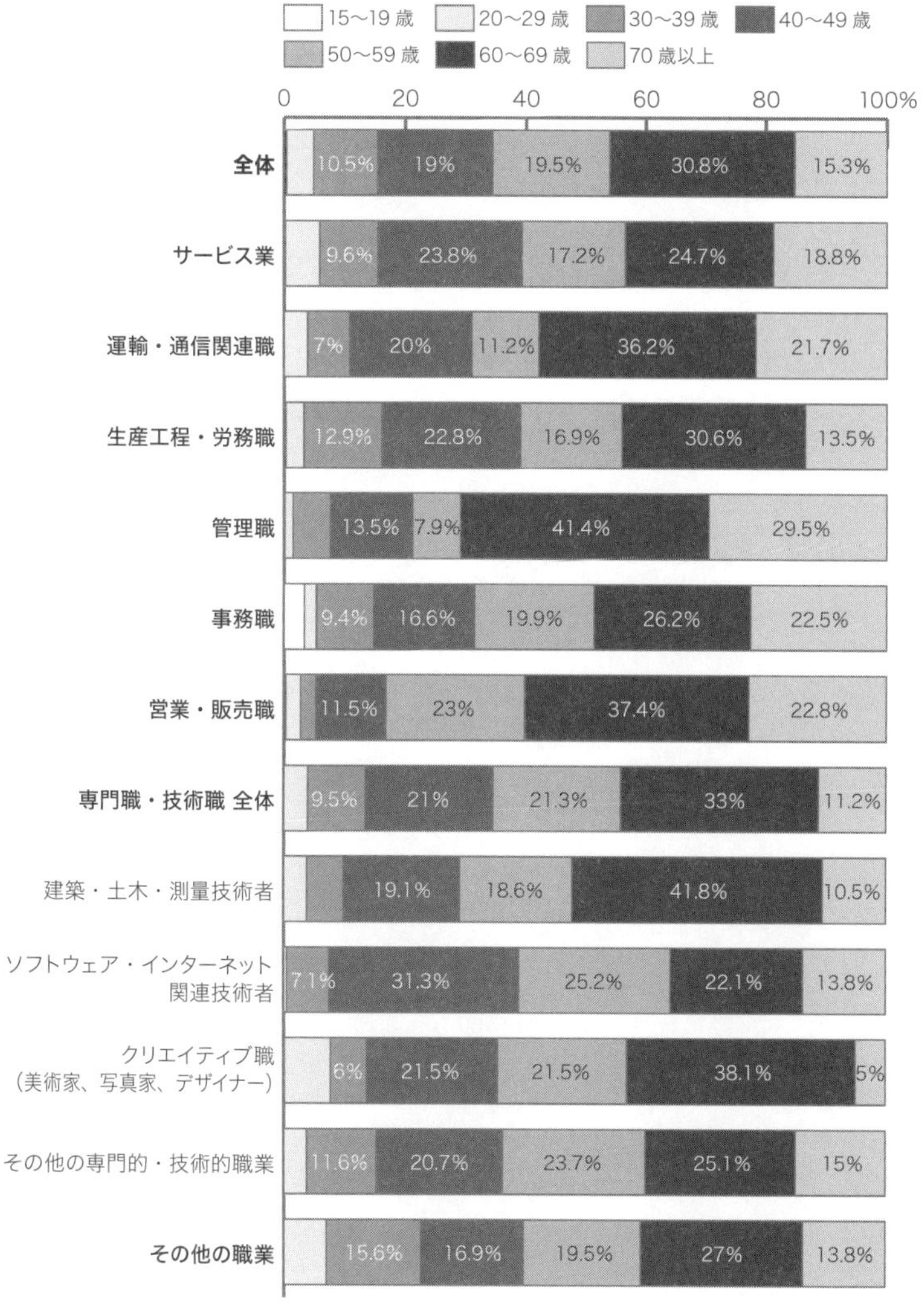

15〜19 歳　20〜29 歳　30〜39 歳　40〜49 歳
50〜59 歳　60〜69 歳　70 歳以上

0　20　40　60　80　100%

全体	10.5%	19%	19.5%	30.8%	15.3%	
サービス業	9.6%	23.8%	17.2%	24.7%	18.8%	
運輸・通信関連職	7%	20%	11.2%	36.2%	21.7%	
生産工程・労務職	12.9%	22.8%	16.9%	30.6%	13.5%	
管理職	13.5%	7.9%	41.4%	29.5%		
事務職	9.4%	16.6%	19.9%	26.2%	22.5%	
営業・販売職	11.5%	23%	37.4%	22.8%		
専門職・技術職 全体	9.5%	21%	21.3%	33%	11.2%	
建築・土木・測量技術者	19.1%	18.6%	41.8%	10.5%		
ソフトウェア・インターネット関連技術者	7.1%	31.3%	25.2%	22.1%	13.8%	
クリエイティブ職（美術家、写真家、デザイナー）	6%	21.5%	21.5%	38.1%	5%	
その他の専門的・技術的職業	11.6%	20.7%	23.7%	25.1%	15%	
その他の職業	15.6%	16.9%	19.5%	27%	13.8%	

リクルートワークス研究所「データで見る日本のフリーランス 2020」
「フリーランスの属性」資料より作成

基本編のチェックポイント

□ **確定申告は社会的信用**

確定申告は所得と税額を税務署に申告する制度。定期的な収入の証明になり、社会的信用にもつながる。

□ **独占禁止法や下請法で保護される**

独占禁止法では発注者が有利な立場を利用することを禁じている。また下請法では納品から 60 日以内に報酬を払うと決められている。

□ **受注経路は「人脈」**

フリーランスの受注経路として多いのが「人脈（知人の紹介含む）」や「過去・現在の取引先」。会社を円満退社して人的ネットワークを活かすべし。

□ **セルフブランディングが重要**

成功するために重要なことで、一番多いのは「自分を売る力（セルフブランディング）」という意見。専門性や能力、経験、人脈も重要。

□ **「請負」と「委任」**

業務委託契約には、成果物に対して報酬を受け取る請負契約と、契約期間中に約束した業務を遂行することで報酬を受け取る委任契約がある。

著者・監修者紹介

フリーランスの働き方研究会　自らもフリーランスとしてさまざまな分野で活躍しているクリエイター集団。本書では、法律や税金に詳しくない人でもフリーランスとして楽しく稼げる知恵を結集した。

二森礼央　弁護士法人THP神田人事労務法律事務所・代表弁護士。社会保険労務士。1986年兵庫県生まれ。第二東京弁護士会所属。労働問題の解決に定評のある弁護士として活躍している。

萩口義治　はぎぐち公認会計士・税理士事務所長。株式会社HG&カンパニー代表取締役。新日本監査法人（現・新日本有限責任監査法人）・独立系の会計・税務コンサル会社を経て、2012年に事務所を開設。創業・スタートアップ支援に特化した、資金調達に強い会計事務所として、創業融資支援も含めたスムーズな開業と事業継続・拡大のサポートを行っている。

独立(どくりつ)から契約(けいやく)、保険(ほけん)、確定申告(かくていしんこく)まで

フリーランス六法(ろっぽう)

2021年6月1日　第1刷

著　者　フリーランスの働(はたら)き方研究会(かたけんきゅうかい)

監修者　二森礼央(にもりれお)

萩口義治(はぎぐちよしはる)

発行者　小澤源太郎

責任編集　株式会社　プライム涌光

電話　編集部　03(3203)2850

発行所　株式会社　青春出版社

東京都新宿区若松町12番1号　〒162-0056

振替番号　00190-7-98602

電話　営業部　03(3207)1916

印刷　三松堂　　製本　大口製本

万一、落丁、乱丁がありました節は、お取りかえします。

ISBN978-4-413-23204-3 C0034